JN410615

개성과 편견 사이

개성과
편견 사이

김수봉 수필집

세종출판사

자서自序

이 책에 실은 47편의 글은 필자가 등단하기 오래 전에 쓴 것부터 등단한 후 최근까지 쓴 100여 편의 작품 중 필자의 안목으로는 그래도 크게 부끄럽지는 않겠다고 생각되는 것만을 선정하여 실었다.

등단하던 해에 첫 작품집을 출간하고 싶었지만 오래 두고 살피면 뜸이 들고 숙성이 되어서 더 좋은 글이 될 수 있을까하여 지금까지 묵혀두었었다.

그런데 필자의 글은 시사성과 사회성이 강한 작품이 많아서 오래 묵히면 오히려 글 자체의 생동감이 떨어지고 그 의미도 모호해질 수 있겠다는 생각에 마침내 출판을 결심했다. 그리고 오래 된 작품 중에는 지금의 눈으로 보면 모가 나고 눈에 거슬리는 작품도 없지 않았다. 그러나 그들도 그런 글을 쓰게 되었던 당시에는 그 나름의 이유와 의미가 있었을 것이란 생각에 철자법 정도만 손을 보고 모두 이전에 써두었던 그대로 실었다.

작품집의 제목은 실린 작품들 중 필자의 주장과 판단 등이 반영된 글이 많다는 점에서 작품들의 성격을 고려하여 "개성과 편견 사이"라 붙였다.

얼개는 필자가 〈문학도시〉의 신인상에 당선되어 등단하게 된 작품을 맨 앞에 싣고 그 다음부터는 최근의 작품부터 앞에 배치했다. 그리고 작품마다 작품을 쓴 년도를 작품 끝에 병기하여 시대와 사회적 배경 등을 통하여 작품의 이해에 도움을 주고자 했다.

내용은 남들과 다른 시각과 생각으로 바라본, 세상에 대한 필자의 생각을 최대한 진솔하게 드러내려고 애를 썼다. 이러한 필자의 마음과 생각이 독자들에게도 그대로 전달되어 필자와 함께 공감하는 장이 마련될 수 있기를 희망해본다.

2020. 6.

차례

제2부 등단 후 어제

제3부 등단 후 그제

제4부 정년 후 등단까지

제5부 정년까지

제1부
등단 작품

부자는 잘 먹을수록 탐욕을 키우지만
예술가는 물만 마셔도 공감을 키우고

채금자는 모래를 일어 황금을 캐지만
작가는 언어를 조탁하여 의미를 만들고

정치가는 공약의 대가로 권력을 얻지만
작가는 생명을 담보로 영감을 얻고

닭은 삼칠일을 품어 병아리를 낳지만
작가는 평생을 앓아 한 작품을 낳는다

농부가 재미로 농사를 짓지 않듯
작가도 목숨을 걸고 작품을 창작한다

–「창작」

춘설春雪의 아이러니

올해는 유난히 겨울이 길고도 추웠다. 그래도 계절의 변화 앞에서는 추위도 어쩔 수가 없어서 봄이 오기는 오는지 매스컴에서는 연일 기온이 올라가고 예년을 웃도는 따뜻한 날씨가 계속 된다고 한다.

그러나 올해는 몇 번에 걸쳐서 꽃샘추위라는 이름으로 예년과는 달리 혹독한 추위가 봄날을 엄습했다. 그러다가 그것도 부족했던지 삼월하고도 마지막 주에 학생 수학여행단을 인솔하여 설악산으로 향할 때는 평창 지역 근처에서 쏟아지는 함박눈을 만났다. 하늘을 감감하게 뒤덮고 아기 주먹 만한 눈송이가 순식간에 온 세상을 덮어버릴 듯이 바람을 타고 땅을 향하여 마구 질주하고 있었다.

지리적으로 눈을 보기 어려웠던 부산의 학생들은 눈 때문에 시야 확보가 어려워진 관광버스가 평창 휴게소에 들른 때를 틈타서,

쏟아지는 눈을 보고 눈을 맞는 기쁨으로 쾌락의 환호성을 지르며 즐거운 몸짓으로 끝없이 엔돌핀을 만들어내고 있었다. 그런 모습을 보고 있던 나도 학생들과 함께 모처럼 동심에 젖어서 눈을 보고 눈을 맞는 기쁨은 학생들과 별반 다를 바가 없었다.

그러나 기쁨에 들뜬 학생들과 나 자신을 바라보다가 나는 오늘 밤에도 삼월 하순에 드물게 보는 설화雪花를 예찬하며,

"서설瑞雪이 삼월의 마지막을 축복한다."

는 설화의 아름다움에 대한 매스컴의 찬사와 기쁨의 환호성을 연상하자 씁쓸한 기분으로 인한 고소苦笑를 금할 수가 없었다.

과연 삼월에 내린 눈이 서설일 수 있을까? 나뭇가지에 매달린 눈송이가 설화라고 할 만큼 정말 나무에게도 축복일 수 있을까? 나는 이런 쓸데없는 생각에 쏟아지는 눈이 눈에 들어가서 눈-물인지 눈물인지 모를 눈물을 질금거리며 남들이 환호하는 서설이 괜스레 미워지는 것은 나만의 심술보 탓일까?

나무들은 예년에 없었던 혹한을 온 몸으로 참고 견디며 봄을 기다리다가 몇 번이나 찾아온 꽃샘추위에 주눅이 들었다. 그러나 드디어 봄이 온다는 따뜻한 봄소식에 모든 경계의 마음을 완전히 놓아버리고 정말 봄인가하여 모든 긴장을 풀어버렸다가 '아닌 밤중에 홍두깨'란 속담처럼 갑작스럽게 찾아온 강추위와 폭설과 가지에 매달리는 눈송이를 만났는데 그것이 과연 그들에게도 축복이고 서설일 수 있을까?

나무들은 서설이란 것으로 인해 봄을 위하여 그리고 꽃피우기 위하여, 삼동을 참고 견디며 또 기다리며 모든 기운을 다 바쳐서

키워온 생명의 근원인 꽃망울이 무참하게도 짓밟혀버렸다. 또 온몸으로 꽃피우려고 눈물겹게, 봄소식에 속으면서도 봄을 기다리고 또 속으면서도 참고 견디며, 다시 일어서려고 마지막으로 모든 힘을 다 모아서 한꺼번에 꽃으로 밀어내려는 순간, 그것도 모든 경계마저 풀어버리고 마음을 놓아버린 순간에, 그들의 머리 위로 쏟아져 내리는 철퇴와 같은 차가운 눈과 그것도 모자라서 몸뚱이를 감싸고 매달리는 눈꽃, 그것이 과연 그들에게도 서설일 수 있겠는가? 이것은 칠전팔기하려는 복서에게 마지막으로 가해진 K.O 펀치보다 더 강열한, 죽음의 사자이자 나무로 하여금 더 이상 이제는 봄을 꿈꾸지도, 꽃을 피우지도 못하게 하는 절망의 천형과도 같은 것은 아니었을까?

이제 더 이상 추위를 견뎌낼 힘도 없고 다시 따뜻한 봄이 온다고 해도 더 이상 새롭게 힘을 축적하여 꽃피울 힘도, 자신감도 사라지게 만드는 서설. 나무들은 올해에는 더 이상 꽃피울 수도 없을 것이고 그에 따라 열매를 맺을 수도 없을 것이다. 다만 할 수 있는 것이라곤 모든 것을 포기하거나 아니면 다시 내년을 기다리며 한 해 동안 남들이 꽃피우고 열매 맺는 것을 부러운 눈으로 바라보는 것뿐일 것이다.

그렇다. 인생도 이와 별반 다를 것이 없는 것 같다. 왜냐하면 궐지풍광과 본지풍광이 다르듯이 겉으로 보이는 것과 실제로 그 속에 들어 있는 것은 서로 다른 것이기 쉽고 또 내가 그를 보는 것과 실제로 그가 느끼는 것은 다를 것이기 때문이다.

우리가 인간의 시각에서 우리의 입장에서만 보면 삼월의 하늘에 눈이 내리는 것은 드문 일이고 또 함박눈이 쏟아져서 설화가 아름답게 피는 것은 더욱 드문 일이다. 그러므로 그것은 우리에게 서설일 수 있고 또 축복일 수도 있다. 그러나 나무의 입장에서는 절대로 그것이 서설일 수도 없고 축복일 수도 없을 것이다.

이처럼 세상은 있는 대로 보는 것이 아니라 내가 보고 싶은 대로 보고, 내가 보는 대로 있는 것이기에 우리의 인간관계도, 이 세상 만물의 본질도 이와 마찬가지가 아닐까 한다. 그러므로 진정으로 바람직한 인간관계는 나의 입장에서 내가 보고 싶은 대로 보는 것이 아니라 상대의 처지를 이해하고 배려하는 마음, 즉 역지사지易地思之하는 마음을 가질 때에만 편견이 없는 그리고 진정한 신뢰의 관계가 이루어질 수 있는 것이 아닌가한다.

모처럼 내리는 삼월의 함박눈을 바라보며 그것이 서설일 수 없으며 또 이 세상의 만물도 겉으로 보이는 것이 전부가 아니라고 생각하는 것은 아름다운 서설을 보고 초를 치고자 하는 나만의 못된 심술보 탓일까? (2009년)

어버이날의 카네이션

2014년 5월 8일 어버이날을 맞아 딸과 아들로부터 어버이날 축하 봉투와 카네이션 꽃을 받았다. 이 전 해에도 또 그 전 해에도 해마다 받았다.

그러나 올해는 내가 정년을 하는 해가 되어서 그런지 유독 꽃을 받을 때 가슴 밑이 먹먹하고 눈시울이 뜨거워지는 것을 억제할 수가 없었다. 혹시 눈물이라도 아이들에게 보일까봐 얼른 꽃을 탁자 위에 올려놓고 엉뚱한 소리를 하며 거실에서 방으로 들어갔다. 들어가서도 내가 왜 이럴까 한참 동안 생각해 보았지만 구체적인 이유는 알 수가 없었다.

그러다가 학교에 가서 수업시간에 우연히 어버이날 훈화를 겸해서 박인로의,

"반중 조홍감이 고와도 보이나다.

유자ㅣ 아니라도 품엄즉도 하다마는

품어가 반길이 없을새 글로 설워하나이다."

라는 '조홍시가'를 해석하고 수욕정이樹欲靜而 풍부지風不止하고 자욕양이子欲養而 친부대親不待라는 풍수지탄風樹之嘆의 의미를 설명하다가 또다시 명치끝이 저리고 콧등이 시큰거리는 느낌을 받고서야 깨달았다.

아침에 가슴이 저렸던 것은 어버이날을 맞아 자식들이 달아주는 꽃과 봉투에 감동해서 나타난 현상이 아니라 어버이날이 되어도 꽃조차 달아드릴 부모님이 계시지 않아서 생긴 아픔이란 것을 ….

물론 나는 어린 시절부터 남들처럼 정이 넘치고 그런 정을 잘 표현할 줄 아는 세련된 도시적인 남자아이도 아니었고 부모님을 끔찍이 생각하는 그런 효자도 아니었다. 그래서 어린 시절에는 시골이라서 카네이션도 없었지만 꽃을 달아드릴 줄도 몰랐고 어른이 되어서는 그런 날이 괜히 번거롭고 쑥스러워서 아이들을 시켜서 꽃을 달아드리기는 했으나 사랑한다는 말 한마디도 제대로 해 본 적이 없다.

그러나 돌이켜보면 10남매의 일곱 번째로 태어나서 어린 시절부터 무던히도 속을 썩이고 말썽을 부렸으며, 중・고등학교 시절도 여러 누나들의 최종학력을 국졸과 중졸로 만드는 희생을 딛고 다녔던 학교였건만 부모님께 자랑스러운 자식이 되지도 못했고, 내 마음속에 일어나는 여러 가지 갈등도 스스로 해결하지 못한 채 원인 모를 반항심으로 이런 저런 문제를 일으키는 등 부모님을 슬프게만 했던 것 같다.

그러나 어머니는 남을 대할 때마다 못난 자식을 흉보거나 욕하기보다는 없는 장점도 만들어내고 찾아내어서 자랑하려고만 하셨다.

"바릿밥 남 주시고 잡숫느니 찬 것이며
두둑히 다 입히고 겨울이라 엷은 옷을
솜치마 좋다시더니 보공되고 말어라."

라는 정인보선생의 시조 '자모사'를 끌어오지 않더라도 겨울 방학이 되어 집에 있을 때면, 그 당시는 점심을 먹는 집이 많지 않았기에 점심때쯤 되면 부모님들은 배고픔을 잊기 위해 대부분 마을 나들이를 가시고 집에는 누나들과 나와 남동생 등이 남아 있게 되었다. 이때 누나들에게는 찐 고구마 등으로 점심을 때우게 하고 나와 남동생은 그래도 아들이라고 아침에 밥을 퍼서 무쇠 솥 안에 따뜻하게 보관해 두었다가 챙겨주게 하셨던 어머니.

점심때가 되면 나와 남동생만 배가 고프고 부모님과 누나들은 '괜찮다'고 하셨던 말씀처럼 정말 배가 고프지 않았을까? 또 학교에 다닐 때도 거의 매일 꽁보리밥을 먹었고 도시락도 보리밥이 대부분이었지만 그래도 나는 아들이라고 어머니와 누나들이 밥을 담을 때 어머니의 명령으로 아버지 다음으로 흰쌀이 더 많도록 도시락을 싸주셨던 어머니.

어린 시절은 몰랐으나 나이가 들고 내가 자식을 키우는 부모가 되면서 그런 부모님의 마음을 알게는 되었지만 또 내 뜻과 같지 않은 현실과 내 마음에 들지 않는 나 자신이 미워서 나는 부모님에게도 자식들에게도 따뜻하거나 살갑게 행동하지 못했다. 또 대학을 졸업하고 직장을 가지고 독립을 했을 때도 나는 한 번이라도 어머니의 그러한 마음을 생각하며 그런 마음으로 부모님을 진심으로 정성껏 대한 적이 있었던가? 마지못해 어머니를 모시면서도 많은 형제자매가 있는데 왜 내가 모든 짐을 져야 하는가 하는 불평을 하면서 겨우 책임감에 의해서 어머니를 모시지는 않았던가?

어미를 물가에 묻은 청개구리가 비만 오면 하루 종일 어미의 무덤이 물에 떠내려 갈까봐 무덤 옆에서 울었다는 동화가 생각난다. 청개구리가 정말 어미를 걱정해서 울었을까? 어미의 말을 그렇게도 듣지 않던 청개구리는 왜 어미의 말을 마지막에는 그렇게 잘 들었을까? 정말 그것은 자신의 행동을 후회하고 개과천선해서 마지막으로 어미의 말을 들은 것일까?

아마 아닐 것이다. 그것은 어미의 말을 듣는 것이 듣지 않는 것보다 하기가 쉽고 다른 개구리들의 눈에도 좋게 보인다는 것을 알았기 때문에 그렇게 했을 것이다. 그것이 어미를 물가가 아닌 다른 곳에 묻는 것보다 훨씬 힘이 들거나 어려웠다면 절대로 그렇게 하지는 않았을 것이다.

그럼 비가 오면 물가에서 왜 그렇게 울었을까? 아마 그것은 어미가 죽고 무덤을 만들고 난 뒤에 그것도 자신이 부모가 된 뒤에야 그것이 정말 불효이고 잘못 되었다는 것을 깨달았기 때문에 그렇게 운 것이 아니었을까 생각한다.

나도 어머니가 70세, 80세가 되었을 때 남들처럼 화려하게 생신 기념잔치를 베풀어 드리려고 했다. 그러나 평소에는 화려한 것과 남들에게 자랑하는 것을 좋아하시던 어머니께서 그 때는 '아버지도 계시지 않는데 야단스럽게 잔치를 하는 것은 오히려 부끄러운 일이다' 하시면서 '그냥 미역국이나 따뜻하게 끓여서 먹고 조용하게 넘어가자'고 하셨다.

나는 그것이 진심이 아닌 줄은 알았지만 겉으로는 모르는 체하며 속으로는 쾌재를 부르고 '어머니의 뜻이 그렇다면 어쩔 수 없지요' 하면서 무슨 대단한 효자라도 되는 듯이 어머니의 뜻을 따른다는 명분으로 간소하게 생신을 넘겨버렸다.

돌아가셨을 때도 어머니가 "내가 죽거든 화장을 해서 명산에 뿌려라"고 하셨던 말씀에 따라 어머니가 돌아가신 뒤에 화장을 해서 팔공산에 유골을 뿌렸다. 그리고 어머니의 유언대로 했다고 하며 스스로 위로하고 또 둘째 아들로서 할 만큼 했다고 말하며 스스로 위로했다.

그러나 어버이날이 될 때마다 생각해본다. 그 때 어머니께서 거창하게 생신상을 차리라고 했거나 화려하게 꽃상여를 만들어서 고향의 선산에 가서 아버지 곁에 묻어달라고 했다면 삼형제와 일곱 딸들이 정말 기쁘게 한결같은 마음으로 "어머니의 뜻이니까 따라야지." 하면서 그렇게 했을까를 생각해본다.

이 모든 것은 우리 자식들의 염치없는 마음을 꿰뚫어본 어머니께서 미리 모든 것을 짐작하시고 어차피 시끄러워지고 잘하지도 못하면서 마음만 불편하게 될 것이 뻔하니까 그럴 것이라면 차라리 마음이라도 편하게 당신 스스로 간소한 생신상과 화장을 택한 것이 아니었던가 생각된다.

그리고 지금 내가 슬퍼하는 것은 청개구리가 자기의 편의에 의해서 자기가 좋아서 그렇게 해놓고 면피용으로 때늦게 슬퍼하는 모습과 내 모습이 무엇이 다른가 하는 것이다. 의심할 것도 없고 변명할 것도 없이 너무나 똑같지 않은가? 이런 것이 자식의 마음일진대 '무엇이 그렇게 한스러우며 무엇이 그렇게 애달픈 척하는가? 맹종의 죽순과 왕상의 잉어에 얽힌 효를 말하면서도 왜 부끄러운 줄 모르는가?' 내 스스로 꾸짖고 또 꾸짖어본다.

어버이날이라고 자식들이 카네이션을 가슴에 달아줄 때마다 가시가 내 가슴을 찌르는 것 같고 계시지 않는 부모님이 더욱 보고 싶고, 그립고, 회한의 눈물이 옷깃을 적시는 것은 나 또한 만시지탄이 된 청개구리와 같은 울음이 아니겠는가? 살아계실 때 좀 더 잘할 것을 …,

어머니! 하고 소리쳐 불러보나 메아리 없는 공허함에 다시 한 번 후회하지만 돌이킬 수 없는 일이기에 다만 가슴을 치며 더욱 부끄러워하고 슬퍼할 뿐이로다. (2014년 5월)

나무의 역천성逆天性

산을 오르다 보면 이런 나무, 저런 나무, 잘 생긴 나무, 못 생긴 나무 등 수 많은 나무를 보게 된다. 인간이 간사해서 그런지 어떤 때는 상록수가 좋고 어떤 때는 굽고 못난 나무가 안쓰러워서 더 사랑스럽기도 하고 또 어떤 때는 선인들마다 예찬했던 낙락장송이 덩달아서 특히 좋아 보이기도 하고 멋져 보이기도 한다.

그런데 이런 나무들의 계절 나기를 살펴보면 우리 인간들과는 사뭇 다른 것을 발견하게 된다. 즉, 인간들은 여름이 되면 입은 옷을 모두 벗어버리고 그래도 덥다고 바다로 계곡으로 뛰어들면서 아우성을 친다. 그러다가 조금만 추워지면 금방 얼어 죽을 것처럼 호들갑을 떨면서 난방을 하고 옷을 있는 대로 껴입는다. 뿐만 아니라 다른 생명의 껍질까지 벗겨서 몸에 감고 그래도 춥다고 하는 것이 오히려 멋스러운 것인 양 무한정 에너지를 낭비한다.

그러나 대부분 나무들의 계절 나기는 이런 인간들과는 상반된다. 여름이 되면 나무는 그들이 할 수 있는 모든 노력을 다하여 옷을 겹겹으로 껴입는 것은 물론 오히려 그런 더위를 즐기고 그것을 이용하여 자신의 이로움으로 만든다. 뿐만 아니라 겨울이 되면 인간과는 달리 그들은 입고 있던 옷을 하나하나 벗기 시작하여 추위가 심해지면 심해질수록 그들이 그때까지 입고 있던 모든 옷을 다 벗어버리고 벌거벗은 몸으로 당당하게 추위와 맞선다. 그러다가 바람이라도 불라치면 오히려 윙윙거리면서 저항의 노래까지 부르고 한겨울 동안 꿋꿋하게 조금도 굴하지 않고 겨울을 넘어선다. 그러면서 추운 겨울 동안 자신의 힘을 갈무리하고 가다듬어서 다음해가 되면 겨울에게 보라는 듯이 봄도 오기 전에 단숨에 아름다운 꽃부터 피워서 겨울을 조롱하기도 한다.

이런 것을 보노라면 나무처럼 여름에 옷을 입고 겨울에 옷을 벗는 것이 좋은 것일까 아니면 인간들처럼 여름에 옷을 벗고 겨울에 옷을 입는 것이 좋은 것일까 하는 의문이 생긴다. 물론 이것은 존재의 특성과 존재마다의 생존 방식이 다르기에 한 마디로 어느 것이 좋다고 단정 짓기는 어려울 것 같다. 그러나 나무라고해서 여름이 덥지 않고 겨울에는 춥지 않겠는가라고 생각해보면 그들이 계절을 거스르며 살아가는 역천적逆天的인 삶의 태도와 살아가는 존재방식과 그들의 의지에 감탄을 금할 수가 없다.

물론 자연에 순응하여 여름에 옷을 벗고 또 문명의 이기에 의해 여름을 덥지 않게 지내고, 겨울을 춥지 않게 지내는 인간의 존재방식이 딱히 잘못 되었거나 좋지 않은 방식이라고 나무랄 수는 없을 것이다. 그렇지만 나무의 역천逆天하는 삶의 방식은 같은 종족의 나무들은 물론 다른 종족과 그들이 삶을 영위하는 환경에 긍정적인 영향을 미친다. 그러나 우리 인간들의 순천하는 존재방식은 환경도 파괴하고 자연을 오염시키는 등, 나무와는 완전히 상반되는 방식이라는 점에서 문제가 있다고 하겠다.

그렇다면 이러한 나무의 삶은 과연 역천하는 삶일까? 아니면 오히려 순천하는 삶일까? 아니 그것이 역천의 태도일지라도 그것이 그들의 존재를 더욱 그들다운 존재로 만들고 그들의 삶을 윤택하게 한다면 그것을 꼭 순천의 방식으로 바꾸어야만 하는 것일까?

아닐 것이다. 절대적이지만 부당하다고 생각되는 힘과 권력에는 당당하게 맞서고 또 자신의 뜻과는 상관없이, 살아남기 위해서 비겁하게 굴종하고, 사소한 이익을 위해서 자존심을 팔기보다는, 힘들고 어렵지만 오히려 모든 고통과 시련을 감내하면서 나름대로의 독자적인 삶의 방식을 일구어내고, 그런 방식으로 자기 나름대로의 삶을 영위하며, 아름다움을 이루어낸다면, 그런 삶의 방식은 얼마나 멋지고 가치 있고 숭고한 것이겠는가?

이런 점에서 본다면 우리는 순천이란 이름으로, 생존이란 이름으로 부정적이고 굴종적屈從的이었던 우리의 삶을 되돌아보고 나무의 속성을 배울 필요가 있지 않을까한다. 특히 우리나라 사람들은 일제 강점기와 군사 독재 시절을 지나오면서 강요된 굴종과 순종이 미덕으로 치부되고 올바른 항변이 반역이 되던 시절을 살아왔다. 뿐만 아니라 아직도 일제의 앞잡이와 독재의 잔재가 권력의 중심에 서 있는 것이 오늘날 우리의 현실이다. 그래서 그러한 권력에 순응하고 힘 있는 자에게 빌붙는 것이 순천이고 그들에게 굴종하는 것이 현실에서 안심입명安心立命할 수 있는 유일한 방법이라고 말하기도 한다.

그러나 우리의 현실이 이러하면 할수록 우리는 차라리 주변적 인물로 고통스러운 삶을 살 수밖에 없다고 하더라도 결코 이러한 순천을 받아들여서는 안 될 것이다. 오히려 나무와 같이 부당한 권력이나 현실에 당당하게 맞서는 역천의 삶을 닮고, 나무들이 그들에게 가해지는 고통을 오히려 즐기고 그 고통을 자신의 삶을 위한 좋은 수단으로 이용하는 그런 삶의 모습을 본받고 배우며 살아가야하지 않을까 한다. (2014년)

제2부
등단 후 어제

나무에는 여러 개의 옹이가 있다
부러진 가지의 생채기 때문에
비바람의 시련을 감내한 응어리로
눈서리의 고통을 인내한 한恨으로
옹이가 생긴다

사람도 나무처럼 옹이가 생긴다
사람을 위해
사람답기 위해
사람 때문에
자신도 모르게
마음속에 옹이가 박힌다

잘난 사람은 잘난 대로
못난 사람은 못난 대로
누구나 훈장처럼 몇 개의
옹이를 박으며 산다
크기와 정도만 다를 뿐

-「옹이」

뒤를 돌아보자

등산을 하다보면 그것도 높고 험한 산일수록 일정에 맞추기 위해 중간에 거의 쉬지도 않고 뒤를 돌아보지도 않고 앞만 보고 허겁지겁 산을 올라가는 경우가 많다. 그래서 정상에 오른 뒤에야 꼭대기에서 사방을 둘러보며 주변의 아름다운 경치와 발아래의 승경에 감탄하며 힘든 등산의 모든 고통을 달랜다.

그러나 등산의 원래 목적을 생각해 본다면 이러한 등산은 아주 잘못된 등산법이라 할 수 있다. 등산의 목적이 건강 증진을 위한 것이든 아니면 빼어난 승경을 감상하는 것이든 마찬가지라 할 수 있다. 건강증진을 위한 등산이라면 더욱 천천히 그리고 자주 쉬어가며 몸에 무리가 가지 않도록 등산을 해야 할 것이다. 그리고 승경을 감상하는 것이 목적이라면 이것도 중간에 자주 멈추고 뒤를 돌아보는 여유를 가져야 할 것이다. 산세와 주변의 경치는 언제 어디서 보는가에 따라 그 모습이 다양하고 또 높이나 바라보는 위치에 따라 서로 다른 경치와 모습을 보여주기 때문이다. 그래서 꼭대기는 꼭대기대로의 아름다움과 멋이 있을 것이고 중간 중간에서 뒤돌아보는 풍경은 그들대로 또 다른 아름다움과 의미가 있을 것이다. 그러므로 등산의 목적이 무엇이든 일반적인 등산은 단박에 다 올라가는 것이 아니라 중간에 쉬엄쉬엄 쉬어가면서 자주 뒤를 돌아보고 돌아볼 때마다 다르게 보이는 주변의 산세와 풍경을 감상하며 올라가는 것이 등산의 올바른 방법이 아닐까 한다.

물론 주변의 풍경은 내려올 때 살펴보면 될 것이 아닌가 할 수도 있다. 그러나 올라갈 때와 내려올 때는 준비된 마음과 받아들이는 마음의 자세가 다르기 때문에 다 같은 산이라도 그 대상에서 느끼는 아름다움과 감동은 서로 다르다고 할 수 있다. 특히 가파른 산의 경우는 내려올 때 한 눈을 팔게 되면 올라갈 때보다 사고가 날 위험성이 훨씬 더 크기 때문에 매우 조심해서 하산하는 것이 필요하다. 그러므로 등산에서의 풍경 감상은 올라갈 때 중간 중간에 쉬면서 뒤를 돌아보며 하는 것이 바람직하다고 할 수 있다.

이러한 태도는 등산에만 적용되는 것은 아닌 것 같다. 인생살이도 이와 마찬가지가 아닌가 한다. 이것은 인사 청문회장에 불려나온 총리나 장관 후보자 등을 보면 더욱 분명해진다. 물론 그들의 인생 목표는 애당초 그런 장관이나 총리가 아니었을지도 모른다. 그러나 인생은 자신이 세운 목표대로만 다 되는 것이 아니다. 인생은 자신이 세운 애초의 목표를 향해 나아가지만 그런 과정에 시대와 환경 등의 영향으로 본의 아니게 또는 스스로, 자기가 세운 처음의 목표를 바꾸기도 하고 또 목표를 바꾸어야 하는 그런 처지에 놓이게도 된다.

인사청문회에 나온 사람들은 처음부터 총리나 장관 등 고관대작이 인생 목표였던 사람도 있겠지만 대부분은 그렇지 않았을 것으로 보인다. 살다보니 우여곡절 끝에 때와 자신의 처지가 맞아떨어져서 그런 자리에 나오게 된 경우가 더 많았을 것이다. 그것은 인사청문회에 나온 사람들 중에 많은 사람들이 뜻을 이루지 못하고 낙마하거나 온통 오물을 뒤집어쓰고 겨우 청문회를 통과하는 것에서도 알 수 있다. 그들이 처음부터 청문회에 나올 그런 인생목표를 가졌다면 미리 준비해서 청문회에서 낙마하는 그런 삶을 살지는 않았을 것이기 때문이다.

이처럼 인생은 자신의 의지와는 상관없이 그 끝이 또 그 과정이 어떻게 변하고 어떻게 살아가게 될지 아무도 미리 알 수가 없다. 그래서 인생은 자기가 갑자기 맞닥뜨리게 될 어떤 상황을 위해 그 상황에 맞도록 살 수 있는 그런 것이 아니다.

이런 점에서 우리는 인생을 살아갈 때 인생의 목표는 정해야 하지만 어떤 목표를 정하고 어떻게 살든지 간에 간혹 아니 자주 자신의 삶을 뒤돌아보며 자신의 인생 목표와 삶의 궤적을 점검하고 또 자신이 살아온 삶의 자취가 앞으로 어떤 환경과 어떤 위치에 가더라도 항상 떳떳하고 당당할 수 있겠는가를 점검하고 조정해야한다는 것이다. 특히 높은 산처럼 인생 목표가 높고 클수록 그리고 현재 자신의 삶이 험한 산처럼 팍팍하고 어려울수록 더욱 자주 자신의 삶을 뒤돌아보며 자신의 삶의 방식과 태도가 미래에도 당당할 수 있겠는지 점검해 보아야 한다는 것이다. 뿐만 아니라 낙마한 사람들의 대부분이 아주 작은 이익이나 이기심 때문에 문제가 되었다는 점에서 항상 이익에 임해서는 당당함을 잃지 않는 견리사의見利思義도 잊지 말아야 할 것이다.

인생은 자신이 목표로 하지도 않았고 의도하지도 않았지만 자기가 상상할 수도 없었던 좋은 기회가 언제든지 찾아올 수도 있다. 따라서 우리들은 그런 기회가 왔을 때 그것을 자기 것으로 만들고 당당하게 그것을 수행하고 누릴 수 있는 삶의 자세를 가지는 것이 필요하다. 만약 그렇게 천재일우千載一遇의 좋은 기회가 찾아왔음에도 불구하고 자신의 과거 행적 때문에 발목이 잡히고 기회를 놓치게 된다면 얼마나 억울하고 원통한 일이 되겠는가? 그러므로 우리는 살아가는 중간 중간에 초심으로 돌아가 자주 자주 자신이 살아온 삶이나 지금 살아가고 있는 삶을 되돌아보고 견리사의하고 있는지 자신의 삶을 반성하고 교정해야만 앞으로 다가올지도 모를 천재일우의 기회나 행운을 놓치지 않는 것은 물론 불의에 닥치게 될 불행도 미리 예방할 수 있지 않을까 한다.

이처럼 등산을 할 때는, 그것도 높고 가파른 산을 등산할 때는 앞만 보고 정상으로 치달을 것이 아니라 중간 중간에 쉬어가며 자주 뒤를 돌아보고 경치를 감상하는 것이 제대로 된 승경의 감상 방법이자 올바른 등산의 방법이라 할 수 있다. 마찬가지로 우리의 인생살이도 야망이 크고 뜻이 높을수록 자신의 목적을 위해 수단과 방법을 가리지 않고 앞만 보고 나아갈 것이 아니라 언제 어디서나 당당하게 나아갈 수 있도록 견리사의를 생각하며 자주 자신의 삶을 되돌아보고 지금까지의 삶의 태도와 방식 등을 반성하며 재정비해야만 더욱 아름답고 더욱 높고 빛나는 삶을 살 수 있지 않을까한다.

(2019년)

현충원顯忠院의 빗돌

현충원이란 군인·군무원 또는 국가 유공자 등 국가나 사회를 위해서 희생·공헌한 사람들이 사망한 후 그를 안장하고 관리하는 묘지를 말한다. 그곳에 가보면 줄지어 서있는 작은 빗돌만 보아도 그들의 희생과 안타까움에 눈시울이 붉어지고 가슴이 뭉클해지는 것을 금할 수가 없다. 그래서 국가를 위해 희생하고 공헌한 사람들을 위해 현충원을 만들고 그 혼백을 위로하고 추모하며 그 정신을 기리는 것은 천만다행이라는 생각이 든다.

그러나 그들의 희생과 공헌에도 계급과 계층이 있는지 장군묘역, 장교묘역, 사병묘역 등으로 나누어서 묘지의 규모와 비석에 차이를 주고 있다. 뿐만 아니라 민족반역자들도 뻔뻔하게 자리를 같이 하고 있다. 그런 차별과 부당함을 보고 있노라면 나도 모르는 사이에 가슴 밑바닥에서부터 끓어오르는 원인모를 분노와 울분을 금할 수가 없다.

국가와 민족을 위해 바친 목숨의 가치가 장군과 사병은 서로 다른 것인가? 물론 그들이 행한 역할과 공적은 다를 수가 있다. 그러나 성과 여부를 떠나서 나라를 위해 바친 목숨의 가치는 차이가 없을 것이다. 뿐만 아니라 현실에서의 계급이 죽어서까지 연장 되고 있다는 현실은 무엇인가 잘못되어도 크게 잘못 된 것이 아닌가 한다. 다시 말해 고관대작을 지냈거나 장군 등은 살아서 이미 그만한 대접을 받았고 부귀영화를 누릴 만큼 누렸기에 그 빚을 갚는다는 측면에서도 나라가 위기에 처하면 나아가 목숨을 바치는 것은 당연하다 할 것이다.

그러나 평민이나 천민 그리고 노비 등은 평소에 나라에 진 빚이 없는 것은 물론 오히려 고통만 당했다고 해도 과언이 아니다. 그래서 그들에게는 나라가 망하든 흥하든 별반 차이가 없었고 오히려 망하는 것이 더 좋은 기회를 가질 수 있는 상황이 될 수도 있었을 것이다. 그런데도 스스로 나아가 목숨을 바쳐 나라를 구하려 한 것은 고관대작들의 마음과는 비교가 되지 않는다 하겠다. 이런 점에서 보면 나라를 위해 목숨을 바친 고귀함은 신분이 낮을수록 더욱 높고 숭고하다고 하겠다. 그러므로 죽은 이후에도 살아서의 신분과 위치에 따라 무덤마저 차별을 둔다는 것은 무엇인가 본말이 전도 되었다는 생각이 든다.

그러나 다른 한편으로 생각해보면 나라를 위해 목숨을 던진 그들의 마음은 나의 이런 생각과는 거리가 있었던 것이 아닌가 한다. 애초에 그런 계급을 생각하고 죽은 후의 대우를 생각했다면 그들은 목숨을 바치지도 않았을 것은 물론 살아서 부귀영화를 누릴 수 있는 다른 길을 택했을 것이다. 그것은 그 당시 아니 역사적으로 보아도 나라가 위기에 처했을 때마다 모든 계급과 위치에서 서로 상반된 처신과 선택을 한 사람들이 많았던 것에서도 알 수 있다. 그리고 그들이 나라를 위해 목숨을 바쳤다는 것은 이미 국립묘지에 묻히고 안 묻히고는 전혀 관심 밖의 일이었을 것으로 보인다. 그것은 아직 백골조차 어느 산하 어느 산기슭에 어떻게 뒹굴고 있는지조차 알 수도 없지만 그래도 나라가 위기에 처하기만 하면 수많은 청춘들이 누구 하나 원망이나 불평조차하지 않고 또 다시 전장에 나가 기꺼이 목숨을 바친다는 것에서도 알 수 있다.

뿐만 아니라 임진왜란이나 구한말에도 고관대작이나 신분이 높은 인물 중에서는 외적이나 일제에 나라를 팔아 부귀영화를 누린 자가 적지 않았다. 이에 비해 노비 출신이나 천민 출신 중에서는 나라를 위해 의병이 되고 그러다가 백골조차 수습되지 못한 채 이름도 없이 죽어간 사람들이 국립묘지에 안장되고 추모되는 사람의 수보다 훨씬 더 많다.

그렇다면 그들은 왜 그런 선택과 처신을 했을까? 이것은 나라를 팔아먹은 고관이나 양반 그리고 사회 지도층의 인물들은 나라를 자기 것이 아닌 임금의 나라로 보았기에 현재의 임금보다 더 큰 이익을 챙길 수 있는 새로운 임금 쪽에 자신의 운명을 맡기려 했기 때문이 아니었던가한다. 그리고 일제의 앞잡이가 된 노비들이나 천민들도 그 나라는 단지 주인의 나라라고만 생각했기에 나라의 안위보다는 현재의 주인보다 자신에게 더 유리한 주인을 선택하려고 그런 처신을 했던 것으로 보인다.

이에 비해 나라를 위해 목숨을 바친 의병이나, 민중이나, 독립군이나 학도병들은, 이 나라가 자기만 살겠다고 도망치는 임금과 그 신하들의 나라이거나, 한강 철교를 끊고 달아난 대통령과 그 참모 등 지배자들의 나라라고 생각하지 않았고 이 나라를 자기 자신의 나라라고 생각했기 때문이 아니었던가하고 추측된다. 특히 신분이 천하고 낮았던 사람들은 나라의 은혜를 한 번도 받은 적도 없고 오히려 고통만 받았다. 그러나 이 나라 안의 문제는 자기들의 문제이고 이 나라는 자기들의 나라이기 때문에 우선 이 나라를 도적들로부터 지킨 다음 다른 문제는 그 다음의 순서라고 생각하는 주인의식을 가졌기 때문이 아니었던가한다.

그리고 그들은 주인의식을 가졌기에 주인이 자기 것을 지키는데 다른 누구에게 보상이나 대가를 요구하지 않듯이 어느 누구도 국가에게 대가나 보상을 요구하지 않았고 또 어떠한 보상이나 대가를 기대하지도 않았던 것으로 보인다. 또 그들은 자기 것을 지키기 위해 목숨을 바치는 것은 당연한 것이고 그래서 자기의 것을 지킬 수 있었고 지켰다면 그것을 위하다가 죽어서 백골조차 수습되지 못한 것도 억울할 것이 하나도 없다는 것이다. 즉, 자기가 주인인데 누구에게 그 대가를 요구할 수 있겠는가? 그러므로 그들은 국립묘지에 작은 빗돌로 남게 되었든, 아니면 이름 모를 산하에 비목조차 없이 백골로 뒹굴게 되었든, 민족반역자들과 같은 곳에 묻히게 되었든 자기 것을 지키기 위해 싸우다 그렇게 된 것이기에 어떠한 여한도 없고 또 백골이 누워 있는 그곳이 어디이든 그곳은 그 자신이 지켜낸 자기 나라의 산하이기에 부끄러울 것도 불만스러울 것도 없다는 것이다. 이점이 나라를 팔아먹은 뜨내기 인간들과 주인의식을 가진 사람들의 처신과 생각의 차이가 아닌가 한다.

그러나 그들은 그렇게 행동했고 또 죽어서도 여한이 없다고 하지만 그들 덕택에 나라의 주인이 되고 주인으로 살고 있는 후손들의 입장에서는 주인이 무시되거나 천시되고 주인이 주인으로서의 대접을 제대로 받지 못하거나 차별받게 해서는 안 되겠다는 것이다. 뿐만 아니라 부화뇌동하며 시세에 아첨하며 어느 때나 양지에서 부귀영화를 누리는 비겁한 인간이나 뜨내기 같은 인간들이 더 대접받는 그런 세상을 당연한 것으로 받아들이고 모르는 체 해서는 더욱 안 되겠다는 것이다.

그러므로 현충원 뿐만 아니라 아직 백골조차 수습되지 못하고 이 나라 산하의 이곳저곳에 외롭게 버려진 이 땅의 주인이신 조상들을 후손인 우리들이 그들을 주인답게 모시고 주인이 주인 대접을 받도록 위로하는 것은 후손으로서 당연한 책무가 아닌가 한다.

그러나 우리의 현실은 살아서도 주인이면서 주인 대접을 받지 못했던 그들이 나라를 구하고 또 나라를 위해 목숨을 바친 이후에도 주인으로서 제대로 대접을 받지 못한다고 생각하니 후손으로서 책무를 다하지 못한 현실에 부끄러울 뿐만 아니라 가슴이 저린 아픔을 금할 수가 없다. (2018년)

하루살이

하루살이는 어떤 존재인가 사전에서 찾아보면, 하루살이의 성충은 연약한 몸, 삼각형에 가까운 2쌍의 날개, 그물맥으로 발달된 시맥, 2~3개의 긴 꼬리를 가지고 있는 것이 특징이다. 성충은 먹이를 먹지 않으며, 매우 짧은 기간 동안만 생존한다. 보통 하루 내지 2~3일 정도 살지만 난태성을 하는 것은 14일간 사는 것도 있다. 알은 대개 1~2년을 지나지만 짧은 것은 6주를 보내는 종도 있다. 약충은 수서 생활을 하며, 복부에는 수서생활을 할 수 있도록 아가미가 존재한다. 하루살이류는 전세계에 2000종 이상 알려져 있으며, 한국에는 3과 4속 5종이 알려져 있다. [네이버 지식백과] 이처럼 하루살이는 연약하고 수명이 매우 짧은 존재다.

그런데 이러한 하루살이는 수명이 짧은 것도 억울할 터인데 그것 때문에 사람들에게는 주로 인생을 막되게 사는 사람이나 허망하게 일찍 죽은 사람 등 아주 짧은 기간 동안만 지속된 생활이나 목숨이나 정권 따위를 비웃을 때 비유적인 대상으로 등장하는 생명체가 되었다.

그럼 우리는 왜 하루살이를 이렇게 하찮게 그리고 쓸모없는 그런 존재로만 취급할까? 하루살이는 하루밖에 못 살기 때문에 하찮은 존재이고 하루살이보다 오래 살면 더 대단한 존재이고 훌륭한 존재일까? 거북이처럼 오래 살면 가장 가치가 있고 또 사람은 하루살이보다 훨씬 오래 살기에 그만큼 대단히 가치 있고 대단한 존재일까?

아마 아닐 것이다. 왜냐하면 단지 그 수명만으로 그 가치를 논한다면 바위나 무생물이 생물보다 더 가치가 있고 인간보다 수명이 긴 동식물들이 훨씬 더 높은 가치를 지녀야 할 것이기 때문이다. 뿐만 아니라 인간 중에서도 수명이 긴 사람이 더 가치가 있는 사람이고 또 옛날보다 평균 수명이 점점 더 늘어나고 있다는 점에서 보면 과거보다 현재, 현재보다는 미래의 인간이 더 가치가 있는 존재라 할 수 있을 것이기 때문이다.

또한 인간이나 어떤 생물의 가치를 그 수명의 장단만으로 평가할 수는 없을 것이다. 이에 따라 우리가 하루살이를 수명의 장단만으로 폄하하거나 그 존재의 가치를 평가하는 것도 올바른 평가라 할 수는 없을 것 같다. 뿐만 아니라 하루살이를 평가하는 그 기준은 단순히 수명의 길이만도 아니다. 오로지 인간을 그 중심에 두고 인간의 수명이 하루살이보다 훨씬 길다는 자만심과 또 인간의 수명이 더욱 길어지기를 바라는 희망을 그 저변에 깔고 있는 표현이라 하겠다.

어쨌든 하루살이는 하루정도밖에 살지 못하는데 비해 인간은 100세 인생이라 하여 하루살이와는 거의 비교가 불가능할 정도로 오래 살고 있다. 그러면 인간은 오래 살기 때문에 하루살이에 비해 그만큼 대단하고 가치 있는 삶을 살고 있으며 또 그만큼 더 가치 있는 존재라 할 수 있을까?

아마 그렇지만은 않은 것 같다. 그 존재의 가치는 수명의 장단만으로 평가할 수 있는 것이 아니라는 점에서 그렇다. 또 하루살이는 하루 만에 그가 평생 해야 할 일을 모두 다 한다. 그리고 하루가 그에게는 한 평생이다. 이것을 다른 측면에서 보면 평생을 하루로 압축해서 산다는 점에서 얼마나 효율적이고 적극적으로 사는 삶이라 하겠는가?

특히 속도와 효율성을 중시하는 현대사회에서는 하루살이의 삶의 방식이 인간보다는 훨씬 적합하고 능력이 있는 존재라 할 수도 있지 않겠는가? 뿐만 아니라 하루살이는 입도 없고 하루라는 평생 동안 아무 것도 먹지도 않고 자지도 않고 쉬지도 않는다고 한다. 다만 그의 최종 목표인 후손을 남기기 위해 인간의 한평생보다 훨씬 더 치열하고 열정적으로 살며 사랑만 하다가 죽는다. 이것을 어찌 수명의 길이만으로 그 가치를 평가하고 재단할 수 있는 일이겠는가?

인간은 왜 사는가? 왜 수명이 길어야 하고 또 수명이 길다는 것이 왜 중요한 것인가? 모든 생물의 수명의 장단은 단지 상대적으로 길고 짧음이 있을 뿐 절대적인 측면에서는 길거나 짧다고 평가할 수 있는 그런 것이 아니라는 측면에서 보면 수명의 길고 짧음에 무슨 의미가 있겠는가? 다시 한 번 생각해 볼 일이 아니겠는가?

그럼 인간은 무엇을 위해 사는가? 궁극적으로 따지고 보면 모든 생물들의 삶의 의미와 목적을 일반적인 측면에서 본다면 모두 비슷하다고 할 수도 있을 것이다. 이런 점에서 본다면 우리는 그냥 수명이 긴 것을 그렇게 자랑스럽고 부러워할 만한 그런 것이라 할 수도 없는 것 같다. 물론 인간의 삶이 어떤 목적을 위해 그리고 그 목적을 달성하기 위해 사는 것만은 아니라고 할 수 있다. 그러나 목표가 없는 삶은 어떤 측면에서 살 가치도 없고 단순히 생존의 연장일 뿐이라고 할 수도 있다.

그러므로 우리도 단지 오래 사는 것만을 가치로 보거나 추구하는 대상으로 삼아서는 안 될 것 같다. 이런 측면에서 우리 인간들도 결국에는 나름대로 삶의 이유를 깨닫고 젊은 시절에는 그 나름의 인생 목표를 설정하고 최선을 다해 그 목표를 달성하기 위해 노력해야 할 것이다. 뿐만 아니라 늙어서 2선으로 물러났을 때에도 그냥 무료하게 그럭저럭 편안하게 세월을 보내며 죽을 날을 기다려서는 안 될 것이라 생각된다. 늙어서는 늙은 대로 여생을 위한 나름의 새로운 목표를 세우고 죽는 날까지 그 목표를 향해 부단히 노력해야 할 것이라 생각된다. 그렇지 않다면 정말 살 가치가 없는 단순히 생명의 연장에 불과한 생존일 뿐이라고 생각된다.

이런 측면에서 우리는 죽는 날까지 아니, 태어나면서부터 하루살이처럼 삶의 목표를 설정하고 젊은 시절은 젊은 시절대로 장년은 장년대로 또 노년은 노년대로 그 나이와 위치와 처지에 합당한 삶의 의미와 목표를 달성하기 위해 죽는 날까지 최선을 다하는 것만이 하루살이를 폄하하고 하루살이보다 나은 삶을 살 수 있는 올바른 태도가 아닐까 하고 분외의 과언誇言을 한 번 내뱉어본다.

(2017년)

안락사安樂死

초상난 집에 문상을 가보면 어떤 집에서는 호상好喪이라 하며 상주나 친척들이 슬퍼하기보다는 서로 희희낙락하여 보기에 민망할 때도 가끔 있다. 그럼 호상이란 무엇인가? 사전의 정의에 의하면 '복을 누리고 오래 산 사람의 상사喪事'라고 했다.

그러나 사람은 누구나 더 오래 살고 싶어 하고 그래서 늙을수록 삶에 대한 애착과 욕망이 더 강해지는 경우가 많다. 이런 점에서 보면 단지 복을 누리고 오래 살았기 때문에 호상이라 하는 것은 죽은 당사자의 입장이 아니라 산 자의 입장에서 본, 죽음에 대한 해석이자 평가일 뿐이란 생각이 든다. 그러므로 이때의 호상이란 말은 절대효의 입장에서 보면 어떤 경우에도 쓰일 수 없는 불효의 심정을 드러내는 잘못된 말이라 할 수 있다.

다만 살아서는 모든 사람들이 다 부러워하는 그런 복을 누리고 오래 오래 장수하다가 죽을 때도 요즘 인구에 회자하는 '구구팔팔 삼삼사'란 말처럼 며칠만 앓다가 죽어서 그 죽음조차도 남들이 부러워한다면 그 죽음은 죽은 당사자도 잘 죽었다고 인정할 수 있는 죽음이기에 진실로 호상이라 할 수도 있을 것 같다. 그러므로 죽은 당사자에게는 잘 죽는 것이 잘 사는 것보다 어찌 보면 삶의 질과 행복을 평가하는데 더 중요한 기준이 된다고 할 수도 있을 것 같다.

그래서인지 요즘은 존엄사 내지 안락사에 대한 논의는 물론 살아온 날을 아름답게 정리하는, 편안한 삶의 마무리를 일컫는 웰 다잉(Well-Dying)이란 말이 유행하고 있다. 그러나 우리나라에서는 아직 안락사에 대한 본격적인 논의나 어떠한 결론도 내지 못한 상태다. 참으로 안타까운 현실이다. 옛날 달관한 현인들은 '죽음이 무에 그리 무서우며 삶이 무에 그리 기쁘기에 현실에 대한 미련이 그렇게도 많다는 말인가' 하며 삶의 애착을 탄식했었다.

이런 달관의 말이 아니더라도 요양병원에 가보면 수많은 사람들이 죽고 싶어도 죽지 못해 고통을 당하고 있는 모습을 볼 수 있다. 이것은 고통을 당하는 당사자만의 문제가 아니라 그 가족이나 사회 전체의 문제이자 고통이란 것도 알 만한 사람은 다 알고 있다. 그런데도 국민들이 살았을 때의 행복도 제대로 책임지지 못했던 정치권에서는 무슨 까닭과 염치인지 죽을 때의 행복을 챙기겠다며 유권자와 특정 종교의 눈치만 보며 오히려 국민들에게 고통을 가중시키며 안락사를 반대하고 있다.

천상과 지상의 중간/이승과 저승의 경계/살아서 들어가서/죽어

야만 나올 수 있는/중천中天의 요양병원//
누구는 코에 호스를 꽂아 밥을 먹고/누구는 목에 구멍을 뚫어 호흡하고/누구는 산소 호흡기를 달고 누워서/산 시간과 살 시간은 조금씩 다르지만/머지않아 함께 갈 중천의 동료들//
눈을 떠도 감아도 누가 누구인지/자신이 누구인지조차도 모르는 사람들/돌아보면 헛것이요/깨고 나면 춘몽인 것을/무슨 미련 그리 많아 숨쉬기도 힘들면서/잡은 손 움켜쥐고 중천을 떠도는지//
몰아쉬는 숨소리와/신음하는 앓는 소리만 가득한 병실에서/내일의 나 자신을 보는 듯한 착각에/생불여사한 그 모습이 너무나 참담하여//
보호 장갑 끼고 누운 은사님/무거운 팔뚝만 한 번 만져보고/음성은커녕 눈빛조차 맞춰보지 못한 채/ 쾌유만 기원한 뒤/안타까운 마음과 눈물 몇 방울만 남겨두고/서둘러서 돌아섰다//
<은사님 병문안>

위의 시에서도 보는 것처럼 현실에서는 의학의 발달로 인하여 오히려 많은 사람들이 제대로 죽지도 못하고 단지 숨만 붙어 있는 상태에서 온갖 고통을 참고 견디며 연명해야 하는 경우가 많다. 이것이 과연 진정한 효도이고 삶의 윤리인지 그리고 그것이 삶의 행복인지 묻고 싶다. 오늘 죽으나 내일 죽으나 한 해를 더 살거나 덜 살거나 별반 다를 것이 없는 삶인데 고통을 덜 받게 하는 것이 더

행복한 삶인지 그래도 목숨만 붙여두고 고통스럽게 하는 것이 행복한 삶이고 효도인지 우리는 좀 더 진지하게 다시 한 번 생각해봐야 하지 않을까 한다.

행복한 삶에 대해서는 사람마다 다르게 생각할 수도 있겠지만 아마도 좋은 가문에 금수저로 태어나서 한평생 잘 살고 마지막으로 편안하게 잘 죽었다면 행복한 삶이었다고 할 수도 있을 것 같다. 그런데 이런 요소 중 잘 태어나는 것은 인력으로 어찌 할 수 없는 것이고 잘 사는 것도 누구든지 다 잘살고자 하지만 잘 산 사람이 드문 것을 보면 이것도 자신이 타고난 운명대로 사는 것이지 인간이 마음대로 할 수 있는 것이 아니라 할 수 있다. 그러나 잘 죽는 것은 인간이 마음만 먹으면 얼마든지 선택하고 또 실행할 수 있는 절대적인 권한을 가지고 있다. 이렇게 된다면 행복한 삶의 조건 중 1/3은 인간이 마음대로 지배하고 행복을 누릴 수도 있다는 것이다. 그런데도 인간들은 스스로 법이나 종교적 윤리를 내세워 안락사를 범법이라 하면서 자신은 물론 다른 사람의 행복마저 빼앗고 고통을 감내하도록 강요하고 있다. 이런 점에서 타인을 고통 속에 몰아넣고 존엄하게 죽을 권리마저 빼앗고 제한하는 것이 진정으로 인권을 보장하는 것인지 아니면 타인의 천부적인 인권을 유린하는 것인지 다시 한 번 생각해 보아야 할 것이다.

물론 안락사에 대해서는 찬반양론이 첨예하게 맞서 있을 뿐만 아니라 안락사를 허용했을 때 야기될 수 있는 여러 가지 부작용을 걱정하는 사람도 많다. 그러나 연명행위는 살아 있는 자의 입장에서 자신들의 마음을 편하게 해주는 최선이라 할지는 모르겠지만 죽어가는 사람들에게는 단지 고통일 뿐이다.

그러므로 부작용이 문제가 된다면 그 부작용을 줄일 수 있는 방안을 마련하면 될 것인데 괜스레 이런저런 핑계를 대며 책임을 회피하려고 하는 것은 정부나 정치 지도자들의 올바른 태도가 아닌 것 같다. 속담에 '구더기 무서워 장 못 담그랴' 했다. 아직 일어나지도 않은 장래의 부작용만 걱정하고 당면한 현재의 어려움을 해결하려고 하지 않는 것은 정치인들의 배임행위일 뿐만 아니라 남들이 모르는 저의가 의심된다고도 하겠다.

이런 점에서 목소리가 큰 유권자의 눈치만 보면서 안락사 결정의 책임을 회피하려는 정치인이 있다면 이것은 국민의 여망을 저버리는 배임행위가 됨은 물론 유권자의 행복을 짓밟는 폭력임을 명심해야 할 것이다. 뿐만 아니라 안락사는 더 이상 미루어서도 핑계를 대어서도 안 되는 시급한 문제이자 인간 삶의 행복 여부를 결정짓는 중요한 기준이 된다는 점도 명심해야 할 것이다.

필자도 본의 아니게 태어나 사는 것도 세파에 휩쓸리며 내 뜻대로 살지는 못 했다. 그러나 내 삶의 끝은 살아온 날보다 더 아름답고 더 행복하게 내 스스로 내 의지대로 거둘 수 있게 되기를 희망해 본다. (2019년 5월)

치매도 선물이다

이 세상에는 지난날의 불행이나 바람직하지 못했던 행동들을 잊지 못해 고통스러워하는 사람도 있고 또 무엇인가 기억해야 하는데 잊어버려서 괴로워하는 사람도 있다. 이처럼 인간은 잊어야 할 것은 잊지 못하고 잊지 말아야 할 것은 잊어버려서 고통을 당하는 것 같다.

그 중에서도 노인들에게 있어서는 기억력 감퇴가 어느 정도 선을 넘으면 치매라 하여 아주 고약하고 좋지 않은 질병으로 여기는 시대가 되었다. 뿐만 아니라 젊은 시절에는 귓등으로 들리던 이런 말들이 이제 와서는 나에게도 점점 관심과 함께 진정성이 있는 말로 다가온다. 특히 어르신들에게나 가끔 있을 수 있는 것이겠지 했던 '치매'라는 말이 내 스스로 건망증이 심해졌다고 생각되면서부터 나에게도 부쩍 관심이 가는 말이 되었다.

치매는 라틴어에서 유래된 말로서 '정신이 없어진 것'이라는 의미를 지니고 있으며 의학적으로는 설명이 상당히 복잡하다. 그러나 치매에 대한 전문가들의 설명을 나름대로 종합해보면 결국 치매는, 지능 · 의지 · 기억 등 정신적인 능력이 현저하게 감퇴된 것을 말한다고 할 수 있고 또 인간이 반드시 극복해야 할 무서운 질병이라는 것이다.

그러나 나는 이러한 의학계의 주장에 대해 의학적인 지식이 없기 때문에 의학적으로 반박할 수는 없지만 감성적인 측면에서는 일정 부분 비판하고 싶다. 왜냐하면 우리 인간이 본의든 아니든 나이가 들어가면서 치매라는 것을 통해 모든 것을 서서히 잊어버리게 되고 나중에는 자기 자신마저 잊어버리게 된다면 이것은 죽음을 목전에 둔 사람들에게 오히려 하나의 축복이 될 수도 있다는 생각 때문이다.

인간이 이 세상에 태어나서 죽을 때까지 느끼는 두려움 중에 가장 큰 두려움은 무엇일까? 이것도 사람에 따라 개인차는 있겠지만 대부분의 사람들은 아마 죽음이 가장 두렵다고 말할 것이다. 그럼 왜 죽음이 이렇게 두려운 대상일까? 대부분의 종교나 철학자들은 사후의 세계를 모르기 때문에 불안해지고 두려워지는 것이라고 말한다.

그러나 나의 피상적인 추리로는 이것은 아마도 사람들이 죽는 날까지 수많은 미련을 가지고 살아가기 때문일 것이라 판단된다. 즉, 다 이루지 못한 것에 대한 미련, 잘 살지 못한 것에 대한 미련, 더 오래 살고자 하는 미련 등등 아직 하고 싶고 이루고 싶은 것이 수 없이 많은데 죽음은 한 순간에 이 모든 미련을 끊어버리고 더 이상 희망을 갖지 못하도록 만들기 때문에 사람들은 미련의 마지막에 있는 죽음을 이 세상의 그 어떤 것보다 두려워한다고 생각된다.

그런데 치매는 자신이 현재 처해있는 현실적인 상황뿐만 아니라 과거조차도 아니 자기 자신 조차도 잊게 한다고 한다. 그래서 치매를 앓고 있는 사람은 그 때까지 가지고 있던 그의 모든 미련과 욕망과 두려움은 물론 그 자신과 죽는 순간의 고통과 죽음 자체의 두려움까지도 잊어버리게 한다고 한다.

물들지 않고 떨어지는 나뭇잎이 어디 있겠으며, 꽃이 지는 아픔 없이 맺는 열매가 어디 있겠는가? 이처럼 치매는 모든 것을 잊어버리고 아무런 고통도 없이 자연스럽게 죽음을 맞이하게 하는 것이니 어찌 보면 이것은 죽음에 대해서 조물주가 인간에게 보내준 가장 큰 선물이 아니겠는가?

물론 다른 측면에서 보면 치매는 기억 상실로 인해 본인이 그때까지 쌓아온 명성이나 성취에 오점을 남길 수도 있다. 그보다 더 큰 문제는 환자를 지켜보고 돌보아야 하는 주변의 사람들에게 정신 줄을 놓아버린 환자가 겪어야 할 고통과 어려움을 대신 겪게 한다는 점이다.

그러므로 치매는 예방하고 치료하고 늦추고 퇴치할 수만 있다면 그보다 더 좋은 처방은 없을 것이다. 그러나 어차피 치매가 왔고 현재의 의술로서는 어쩔 수 없는 상태가 되었다면 당사자나 주변 사람들이 그것을 천형이나 형벌처럼 여겨서 고통스럽게만 볼 필요는 없다는 것이다. 이런 점은 치매의 문제점에 대해서 말하는 대부분의 전문가들도 치매 자체의 예방과 치료에 대해서 말하기는 하지만 그보다는 치매로 인해 발생하는 문제점과 그로 인해 겪게 될 주변 사람들의 고통과 문제점에 더 초점을 맞추고 있다는 점에서도 알 수 있다.

이런 점에서 우리는 망각의 절정과 인생의 끝부분에서 만나게 되는 치매를 너무 두려워하거나 경원시 할 필요는 없다는 것이다. 또 현대는 인간의 수명이 예전보다 훨씬 길어지다 보니 치매가 오고 치매로 죽는 사람의 수가 증가하는 것은 당연한 현상이라 할 수 있다. 그리고 인간은 어차피 죽게 되면 모든 것을 잊어야 하고 결국 잊게 된다는 점에서 치매는 죽기 전에 잊는 것부터 조금 먼저 보여주는 것뿐일 수도 있다. 아니 수명이 길어지면서 서서히 죽어가는 죽음의 모습을 사실적으로 조금 먼저 보여주는 것일 수도 있다.

그러므로 우리는 이미 죽음에 가까이 가고 있는 환자의 치매 그 자체를 자연스럽고 필연적인 과정으로 받아들일 필요가 있을 것 같다. 또 우리는 치매를 단순히 극복하고 치료해야만 하는 질병으로 보기 보다는 죽기 전에 죽음에 대한 두려움을 벗어나서 편안하게 죽음으로 인도하는 통로가 된다는 측면으로 새롭게 해석하고, 인식하고, 수용하는 자세도 필요하지 않을까 한다.

물론 죽을 때까지 치매가 오지 않으면, 또 발생하더라도 치료할 수만 있다면 그보다 더 좋은 일은 없을 것이다. 그러나 늙으면 대부분 치매가 찾아오고 또 찾아오는 것이 당연하고 또 이미 찾아왔다면, 그래서 치료할 수도 없고 어쩔 수가 없다면, 치매에 대한 사고와 대응 방법도 이제는 달라져야 하지 않겠는가? 시쳇말로 어쩔 수 없으면 즐기라고 하지 않았던가? 그리고 차마 즐길 수 없다면 담담하게라도 받아들여야 하지 않겠는가? 이런 일로 스트레스를 받는다면 이것 자체가 오히려 치매의 원인이 되지 않겠는가?

그러므로 우리는 치매 그 자체의 치료와 회복에 관심을 갖는 것도 중요하지만 그보다는 오히려 치매 환자와 함께 할 수밖에 없는 그 주변 사람들의 대처와 위로의 방법을 강구하고 치매에 대한 새로운 패러다임을 모색하고 만들어내는 것이 더욱 필요하다고 하겠다. 뿐만 아니라 우리는 치매를 단순히 극복하고 치료해야만 하는 질병으로 보기 보다는 죽기 전에 죽음에 대한 두려움을 벗어나 편안하게 죽음으로 갈 수 있는 통로가 될 수도 있다는 측면으로 새롭게 해석하고, 인식하고 수용하는 자세도 필요한 것이 아닌가 하고 엉뚱한 도언徒言을 해본다. (2017년)

天時와 팔자

옛날에는 전쟁에서 승리하려면 천시와 지리와 인화가 중요하다고 했다. 그러나 오늘날은 성공하려면 능력보다 혈연과 학연과 지연은 물론 '금수저'로 태어나는 것이 더욱 중요하다고 한다. 그렇지만 인생의 전 과정이나 이런 모든 요소가 다 갖추어진 상태에서 본다면 오늘날도 여전히 천시는 옛날과 마찬가지로 다른 어떤 요소보다 삶의 成敗에 결정적인 영향을 미친다고 하겠다.

이런 것은 시대를 잘못 만나 태어나자마자 아버지에 의해 죽임을 당한 조선 말기의 아기장수 이야기나 용마와 함께 영웅으로 태어났으나 때를 만나지 못하여 아무 것도 이루지 못하고 용마를 죽이고 자신도 목숨을 끊어 바위가 되었다는 용마바위의 전설* 등에

* 옛날에 어느 마을에 영웅이 태어날 때 용마가 태어났고 그 영웅은 생래적으로 모든 능력을 갖추고 있었다. 그러나 시대가 태평성대라서 영웅적 능력을 펼칠

서도 알 수 있다.

필자의 삶도 마찬가지였다. 필자는 젊은 시절에 방황하며 공부를 제대로 하지 못했다. 그러나 늦게 철이 들면서 평생의 소망인 교수가 되어 한국문학사에 작으나마 족적을 남기겠다는 소망을 품고 늦깎이로 다시 공부를 시작했었다. 그리고 그 때의 사회적 환경은 과도한 과외를 잡기 위해 정부에서 대학 정원을 30%까지 대폭 확대했다. 이에 따라 대학원을 나오고 학위만 받는다면 나의 소망과 뜻은 어렵지 않게 이룰 수도 있을 듯했다.

그러나 막상 필자가 학위를 받게 되었을 때는 벌써 대학 정원 확대의 부작용이 나타나면서 대학 정원의 축소 목소리가 커지고 또 실제로 축소를 하는 대학이 늘어나면서 대학교수의 채용도 줄어들게 되었다. 또 갑자기 대학교수를 많이 채용했던 대학에서는 경비 절감과 대학의 활기를 위해 교수채용의 전제 조건으로 40세 이하를 요구하거나 겉으로는 요구하지 않더라도 내부적으로 특별한 경우가 아니면 40세 이하를 채용하는 경우가 보편화 되었다.

필자가 학위를 받았을 때는 나이가 이미 만 39세였다. 그래서 몇 년간 열심히 공고를 살펴보고 공채에 응시하려고 노력했다. 그러나 때는 바야흐로 산업사회에서 정보화 사회로 넘어가는 시대였고

기회를 잡지 못하다가 풍문에 들리기를 중국에 난리가 났다는 소문을 듣는다. 영웅은 전공을 세우기 위해 용마를 채쳐서 한달음에 중국으로 달려갔다. 그러나 중국에는 벌써 전란이 평정되었기에 전공을 세울 기회를 잡지 못한다. 어쩔 수 없이 다시 집으로 돌아오다가 자신의 말을 의심하게 되고 또 용마를 시험해 보려는 과정에서 자신의 착오로 용마를 죽이게 된다. 또 그 착오에 대한 자책으로 자신도 목을 베어 죽고 만다. 그러나 목이 잘린 용마와 영웅은 한이 맺혀서 썩지 못하고 그 자리에서 바위가 되었다는 전설.

인문학이 쇠퇴하는 시기였다. 그래서 국어국문학 등의 인문학 분야는 학생은 물론 교수 축소의 거센 바람을 제일 먼저 맞아야 했다. 이에 따라 필자에게는 응시할 기회조차 거의 주어지지 않았고 교수가 되겠다는 필자의 꿈도 한순간에 물거품이 되고 말았다.

그래서 더 늙기 전에 새로운 길을 모색해야 되겠다는 생각에 대학교수가 되겠다는 꿈은 접어두기로 하고 교육위원회에서 모집하는 전문직이라도 해봐야겠다는 생각에 전문직에 도전하기로 했다. 그래서 전문직을 위한 서적을 구하여 열심히 공부하면서 전문직이 될 수 있는 방법을 알아봤다.

그때 전문직으로 가려면 시험을 쳐야 했는데 막상 도전하려고 했더니 현직에 있는 사람은 나이가 45세 이상이 되어야 한다고 했다. 그래서 나는 나이가 45세가 될 때까지 2년간 칼을 갈면서 묵묵히 기다렸다. 그러나 2년이 지난 후 다시 도전하기 위해서 교육청에 시험 일정을 문의 했다가 청천벽력과 같은 소리를 들었다.

그것은 교육청에 전문직으로 있는 사람들이 대부분 나이가 많기 때문에 '올해부터는 만45세 이하만 뽑는다.'는 것이었다. 이 얼마나 황당하고 날벼락 같은 일이겠는가? 그래서 따지고 항의를 해봤지만 거대하고 힘을 가진 부도덕한 권력기관에 혈혈단신의 힘없는 자가 아무리 소리를 쳐본들 상황은 개선되거나 어찌할 수가 있는 상황은 아니었다.

그래서 울화를 삭이고 살아남기 위해서는 그 때까지의 모든 꿈과 희망을 접고 귀거래사를 외우며 모든 것을 팔자소관으로 돌리고 스스로를 달랠 수밖에 없었다.

이처럼 인생의 성공과 실패는 인간의 능력이나 노력만으로는 절대로 성공하거나 뜻을 이룰 수가 없다는 것이었다. 그러므로 성공하기 위해서는 시쳇말로 금수저로 태어나든지 아니면 우선 때를 잘 만나야 하고 또 그 때가 자신과 잘 맞아야 한다는 것이다.

물론 변변치 않은 필자와 영웅을 동일선상에 두고 이런 이야기를 하거나 옛날과 현대를 동일시하는 것은 바람직하지 않다고 할 수는 있다. 그러나 영웅이든 일반적인 민중이든 옛날이든 현대든 천시 즉, 때를 만나지 못하면 아무리 노력해도 결국 성공하지 못한다는 점은 동일한 것 같다.

이처럼 노력과 시도는 인간의 일이지만 성공과 성취는 결국 천시의 일 즉, 팔자소관이라 할 수 있다. 이런 점에서 보면 무엇인가 이루었다고 너무 자랑할 것도 없고 실패했다고 너무 슬퍼할 것도 없을 것 같다. 다만 자신의 타고난 팔자를 탓할 수밖에.

그렇다고 눈치나 보며 시류에 편승하고 아첨하는 기회주의자나 회색분자가 되자는 것은 아니다. 다만 현대는 시대가 너무 빨리 변하고 사회의 패러다임도 너무 빨리 변한다. 이러한 현실에서의 성공은 자신과 때가 맞아야 한다는 것이다. 뿐만 아니라 그 때는 개인이 혼자 힘으로 만들 수 있는 것도 아니다.

그러므로 성공하려면 먼저 세상의 변화를 정확하게 파악하고 대응할 수 있는 정보를 얻어야 하고 또 그러한 정보에 선제적으로 대응할 수 있는 능력을 갖추어야 한다. 즉 지식 정보화 시대에는 지식 정보화 시대에 맞는 능력을 갖추어야 하고 4차산업 시대에는 4차산업에 맞는 자세와 필요한 능력을 갖추어야 한다는 것이다. 만약 그렇지 않다면 아무리 큰 능력과 힘을 가졌다고 하더라도 또 아무리 노력한다고 해도 때에 맞지 않은 그런 능력과 노력은 아무런 쓸모가 없는 것이 되고 팔자타령만 하게 된다는 것이다.

이런 점에서 아직까지 학력만 높이고 스펙만 쌓으며 때를 기다리는 사람이 있다면 이런 사람들은 때에 맞추지 못한 필자의 못난 인생역정을 타산지석으로 삼아보는 것도 좋지 않을까 한다. (2018년)

잡초

가꾸지 않아도 저절로 잘 자라는 여러 가지 풀을 우리는 '잡초'라 한다. 이러한 잡초는 인간의 선택과 가치 평가 여부에 따라서 살아남기도 하고 죽기도 한다. 인간이 이들의 생사여탈지권(生死與奪之權)을 가진 절대자인 셈이다.

나도 일주일에 두세 번씩 한 번에 한두 시간 정도 화단이나 통행로 등에 봄을 맞아 머리를 내밀기 시작한 잡초들을 제거하는 일을 하고 있다. 그러다가 생각해본다. 이들은 왜 수 많은 장소를 다 버려두고 어쩌다가 이곳에 자리 잡게 되었으며 또 이들이 한 겨울의 추위와 고통을 온 힘을 다해 견뎌내고 봄을 맞아 겨우 머리를 내밀기 시작했는데 인간들은 왜 떡잎은 물론 뿌리까지 뽑아버려야 하는가? 새싹이 나오기 시작할 때 제거를 해야 일하기 편하다고 하지만 이른 봄부터 기운을 한 번 펴보지도 못했는데 떡잎을 펼쳐 자라

나기도 전에 모두 뽑거나 잘라버리는 것은 너무 잔인하지 않은가 하는 슬픈 생각이 든다.

인간들은 자신들의 필요에 의해 기르는 식물을 작물이라 하고 그 외의 식물은 잡초라 한다. 또 자신들이 안목에 의해 아름답다고 여기고 선택한 풀은 화초라 하고 또 몸에 좋은 약효가 있는 것은 약초라 하여 보호하고 기른다. 그러나 다른 풀들은 잡초라 부르며 자신들이 선택한 작물이나 화초에 해롭다는 명분으로 모두 제거하고 없어져야할 존재로 인식하고 있다.

정말 잡초들은 없어져야 할 백해무익한 존재들일까? 명심보감明心寶鑑 '성심편省心篇'에 보면 천불생무록지인이요 지불생무명지초란 말이 있다. 이처럼 모든 풀은 나름의 이름과 가치와 의미를 지니고 태어났다. 이것을 인간들이 자신의 경제적 이익이나 호불호와 알량한 지식 등에 의해 작물이나 화초, 약초 등으로 나누고 그 나머지는 잡초라 하여 죽어 없어져야 마땅한 존재로 취급하는 것이다. 이것은 너무 인간 중심적이고 아전인수격인 사고와 판단이라 생각되지 않는가?

인간이 아무런 쓸데가 없는 존재로 인식하던 잡초들도 봄이 되면 떡잎을 내밀 때부터 공기를 정화하고 산소를 만들어 인간들의 건강을 돌보고 겨울이 되면 말라죽은 잎들이 이불이 되고 퇴비가 되어 약초와 화초 등을 보호하고 키우기도 한다. 뿐만 아니라 인간이 무지하여 잡초라 여겼던 식물들 중에는 그 효용이 밝혀지면서 약초가 된 식물도 있고 또 앞으로도 얼마든지 더 그럴 수도 있다. 그렇지 못한 잡초라 할지라도 작물만 있을 때 생명력이 부족한 작물을 잡초가 자극하여 경쟁심을 유발하고 활력을 불어넣음으로써 작물을 더 강하고 더 빠르게 성장하게 할 수도 있다.

이런 점에서 인간들이 선택한 작물이나 화초나 약초가 아닌 것은 잡초라 할지라도 무작정 이른 봄부터 모조리 다 뽑아버리고 죽이는 것은 자연의 질서를 왜곡하거나 어지럽게 하는 행위이자 그들의 은혜를 망각한 배은망덕한 행위일 뿐만 아니라 인간이 누릴 수 있는 당연한 권리는 아니라는 생각이 든다.

잡초도 인간이 선택한 경작지나 화단에 자리 잡지 않았다면 야생화나 야생초로서 나름대로의 가치를 인정받으며 얼마든지 자신들의 삶을 영위할 수도 있었을 것이다. 단지 인간들이 선택한 영역에 발을 잘못 들여놓았다는 선택의 잘못으로 그들이 모든 삶을 포기해야만 한다는 것은 너무 불공평하고 억울하다는 생각도 든다.

인간도 따지고 보면 자연의 일부로서 그들과 함께 더불어 살도록 만들어진 하나의 존재에 불과할 뿐인데 어찌해서 그들보다 힘이 세고 그들을 조종할 수 있는 힘을 가졌다고 해서 그들을 함부로 죽이고 살릴 수 있다는 말인가?

식물의 입장에서 보면 식물은 인간에게 이로움을 주기 위해서 태어난 것도 아닐 것이고 또 인간에게 이로움을 주어야만 되는 그런 존재도 아닐 것이다. 그들은 그들대로 태어난 이유와 살아야 할 이유 등 근원적인 가치와 존재 이유가 있을 것이다. 이런 점에서 인간이 그들의 생사와 존재 여부와 가치를 결정하는 것은 인간에게 주어진 권한 밖의 일이 아닐까 한다.

이것은 식물에게만 해당하는 것은 아닌 것 같다. 인간의 삶 자체도 마찬가지일 것이다. 즉 인간도 그 종류는 크게 보아 황인종 흑인종 백인종으로 나뉘고 각 인종 중에는 또 잘난 사람 못난 사람 등등 각각의 차이에 따라 수많은 종류로 나뉠 수도 있을 것이다. 그런데 그들 중 잘난 사람이나 힘을 가진 자들이 힘이 없거나 소수인 인종이나 사람들을 억압하고 자기들만 잘 살겠다고 다른 종을 없애거나 없어져야 할 존재라고 인식하고 또 그렇게 행동한다면 그들의 사고와 행동들은 어떻게 평가를 해야 할 것인가?

세상은 생존경쟁과 약육강식의 세계이기 때문에 힘을 가진 자가 약한 자를 지배하고 조종하고 정리하는 것은 당연한 일이라고 할 수 있겠는가? 그리고 힘없는 자는 저 잡초들처럼 제거하고 뽑아버려야 할 존재라고 생각해도 당연한 것이겠는가? 약육강식도 먹힐 약자가 있어야 먹을 강자가 있을 수 있고 힘의 유무나 강약도 서로 상대적일 뿐 절대적인 것은 아니다. 사회의 악이라 일컫는 범죄자도 필요악이다. 범죄자가 없으면 경찰도 검찰도 심지어 이들을 심판할 지옥과 천당도 하느님도 필요 없는 존재가 되고 악의 상대적인 개념인 선도 없어지게 된다.

그러므로 이 세상은 잘난 사람 힘센 사람만 필요한 세상이 아니고 못나고 약하고 병들고 장애를 가진 사람도 다 조물주의 입장이나 절대 객관에서 본다면 모두 다 필요하고 존재할 이유와 가치가 있는 존재라 할 수 있다.

이처럼 잡초도 인간의 일반적인 삶과 마찬가지로 상대적일 가치일 뿐 원천적으로 가치 없는 잡초인 것도 없고 또 전혀 필요 없는 잡초도 없다. 한마디로 말해 어떤 생명도 하찮은 생명은 없다는 것이다 그러므로 인고의 겨울을 지내고 초봄에 온힘을 다하여 머리를 내미는 풀들을 잡초라 하여 무조건 그 존재를 말살하려고 하기보다는 인간 욕망의 최대치가 아닌 최소치만 챙기고 서로 공존할 수 있는 그런 환경과 사고를 가지는 것이 우리 인간이 자연과 공존하며 평화롭게 살아갈 수 있는 최선의 방법이 아닐까 하고 엉뚱한 생각을 해본다. (2019.4)

이이제이以夷制夷

올해는 유난히 아니 기상관측 이래로 가장 덥고 메마른 여름이었다고 한다. 이것은 우리나라만이 아니라 세계적인 현상으로서 환경파괴에 따른 자연재해에 해당한다고 한다. 이렇게 날씨가 덥다보니 사람들은 더위를 참다못해 오히려 태풍을 기다리며 우리나라를 비켜가는 태풍을 원망하기까지 했다.

이처럼 더위를 쫓기 위해 태풍을 기다리는 이러한 태도와 방법은 흔히 이이제이以夷制夷라 한다. 이이제이란 오랑캐를 이용해 오랑캐를 제압한다는 의미로, 옛날 중국 본토 국가들이 주변 국가들을 지배할 때 사용하던 전략이다. 중국의 입장에서는 사방의 여느 민족들이 다 오랑캐였다. 그래서 각각의 오랑캐를 자신들의 힘만으로 제압하기란 결코 쉽지 않았을 것이다. 그래서 탄생한 전략이 바로 이이제이다.

이런 구조를 차용해서 오늘날 더위를 벗어나고자 태풍을 기다리는 사람들의 마음을 표현해보면 이태제염以颱制炎이라 할 수도 있을 것 같다. 사람들이 얼마나 덥고 답답했으면 이렇게라도 더위를 벗어나고자 했겠는가 생각하면 이해 못할 바도 아니다.

그러나 이이제이에서 오랑캐들도 바보가 아닌 이상 자신들을 자해하는 행위를 힘센 자가 바라는 대로 쉽게 하지는 않았을 것이다. 거기에는 반드시 그만한 정도의 대가를 지불해야하거나 이권을 챙길 수 있을 때에만 가능했을 것이다. 그리고 그 대가도 본인들이 챙기는 이익보다 손실이 작을 때만 사용 가능한 방법이었을 것으로 판단된다.

우리나라의 올해 여름 더위는 너무 심하고 가물어서 이렇게 견디기 어려울 바에야 차라리 태풍이라도 와서 더위와 가뭄을 해소할 수 있다면 태풍으로 인한 피해라는 대가보다 오히려 더 이로울 것이라는 전제하에 다른 때와는 달리 태풍을 기다렸다고 할 수 있다. 그러나 막상 태풍이 온다면 우리의 기대와는 달리 더위는 물러갈 수도 있겠지만 그 피해는 더위로 인한 피해와는 비교가 되지 않을 만큼 크고 참혹할 수도 있다는 것이다.

다행히 우리 국민들의 기대가 하늘에 닿았던지 엊그제 태풍 '솔릭'이 왔고 중형급이라 했는데 준비가 철저했던 탓도 있지만 태풍의 성질이 변해서 우리나라에 큰 피해가 없이 지나갔다. 그 결과 이이제이란 방법과 같은 기대가 제대로 맞아떨어졌던 것 같다. 정말 이 정부의 복이 아닌가 생각된다.

그러나 이런 것을 보고 있노라면 요행은 어쩌다 한 번쯤 있는 것이지 매번 있는 것이 아니라는 측면에서 선인들이 소인기小忍饑하라고 조언했던 경계의 말이 생각난다. 이것은 태풍 '솔닉'이 지나가고 난 뒤에 바로 일본에 상륙한 태풍 '제비'가 일본에 끼친 엄청난 재산상의 피해와 인명의 손실을 보면 알 수가 있다.

이처럼 우리 인간들은 현실적으로 받고 있는 고통을 참기 어려울 때 자신도 모르게 자포자기적으로 차라리 현실의 고통을 넘어설 수만 있다면 그 다음에 닥칠 훨씬 더 큰 고통이라도 감내하겠다고 호언장담하기도 한다. 그러나 막상 그 다음에 더 큰 문제가 발생하면 그것을 극복할 어떠한 대책이나 방법은 더욱 막막해지거나 그 고통으로 절망하는 경우가 더 많은 것 같다.

그러므로 더위를 벗어나기 위해 태풍을 기다리는 이이제이와 같은 방법과 이러한 말은 아무런 진정성이 없을 뿐만 아니라 '우선 먹기 곶감이 달다.'는 속담처럼 현실의 어려움을 벗어나기 위해 뒷감당도 하지 못할 말을 그냥 쉽게 해보는 것에 불과한 말이라고 하겠다.

이런 점에서 진정으로 어려움에 대처하는 방법은 그 어려움의 원인을 파악하여 그 원인의 제거를 통한 극복이 최선의 방법이라 할 것이다. 그러나 그 원인이 자연의 섭리라면 인간이 그 원인을 안다고 해도 그 원인을 제거하는 것은 그리 쉽지는 않을 것이다. 그러나 그런 문제가 지금 한 번으로 그치는 것이 아니라 앞으로도 계속될 가능성이 있다고 한다면 쉽지 않다고 해서 손을 놓고 그냥 매번 지나가기만을 기다릴 수는 없을 것이다.

그러므로 우리는 그 원인이 무엇인지 최선을 다해 파악해 보고 최선이 아니면 차선이라도 강구해야 할 것으로 보인다. 또 그 원인이 결국 인간에 의해 나타나게 된 결과라면 아무리 많은 시간과 비용이 든다고 해도 시간을 두고 인간들이 해결의 실마리를 제공해야만 할 것이다.

그런데 올해와 같은 폭염과 가뭄 등은 대부분의 학자들에 의하면 하나같이 인간들이 눈앞의 이익을 좇아서 자연을 파괴하고 국가 이기주의에 빠져서 환경을 파괴하고 오염시켰기 때문이라고 한다.

이러한 현실에서 우리가 살아남는 방법은 진정으로 무엇인지 우리 모두는 이미 잘 알고 있다고 하겠다. 그리고 해결 방법도 개인이나 국가 간의 욕심과 이익이 문제가 될 뿐 해결책이 전혀 없는 것도 아니란 것을 알고 있다. 그러므로 인간들이 스스로 각성하고 특히 가진 자들이 먼저 문제를 해결하겠다는 마음만 먹는다면 해결이 그렇게 어려운 것도 아닌 것으로 보인다.

다만 개인이나 국가들 간의 이해관계나 생각이 서로 다를 수 있기에 해결책이 나올 때까지는 극복해야 될 여러 가지 문제가 있을 수도 있다. 그러나 공멸하지 않고 다 함께 살아남기 위해서는 우리는 이 문제를 해결해야만 하고 해결하지 않을 수 없기에 해결할 때까지 거듭될 고통은 인간 자신들이 저지른 행위에 대해 벌을 받는다는 심정으로 좀 더 참고 기다릴 줄 아는 마음의 자세도 가져야 할 것 같다.

좋은 일은 쌍으로 오는 법이 없고 나쁜 일은 홀로 오는 법이 없다고 했다. 재앙은 또 다른 재앙을 불러온다. 그러므로 더 큰 재앙을 마주하지 않기 위해서는 우리는 임시방편臨時方便이나 하석상대下石上臺의 순간적인 달콤함만 취하려 하지 말고 멀고 긴 날의 달달함을 위해 현재의 쓴맛을 참고 견딜 줄도 아는 인내와 지혜가 더욱 필요하지 않았을까 한다. (2018년)

똥 묻은 개라도 나무라야 한다

요한복음 8장에 보면 예수님께서 음란한 죄로 단죄를 받는 여인을 구하기 위해 '죄 없는 자 저 여인에게 돌을 던져라'고 하여 한 여인을 구해내는 이야기가 나온다. 죄를 지었지만 그 죄마저도 사랑한 예수님의 가없는 사랑에 머리를 조아릴 뿐이다.

그러나 그 행위와 말 자체만 두고 보면 약간의 모순과 오류를 발견하게 된다. 물론 기독교를 잘 알지도 못하고 법률에조차 문외한인 필자가 예수님의 판단에 딴지를 건다는 것은 애당초 분수를 모르는 일인 줄 안다. 그러나 우리가 원죄를 거론하지 않더라도 모든 생물은 태어나면서부터 다른 종의 몸을 먹고 살 수밖에 없도록 만들어졌기에 무엇인가 먹고 산다는 그 자체부터 엄밀하게 말하면 죄가 된다. 또 사람은 어느 누구도 다니면서 무단히 개미 한 마리 밟아서 죽이지 않은 사람도 없다. 그러므로 '죄 없는 사람만 돌을 던져라'는 말씀은 원천을 봉쇄하여 돌을 던질 수 없게 만든 '원천봉쇄'의 오류를 내포한 말이라 하겠다. 뿐만 아니라 현대의 '죄형법정주의'와 '무죄추정원칙'이란 법률에서 보면 법에 의해 유죄판결을 받기 전까지는 누구나 무죄라고 할 수 있다. 그러므로 음란한 여자를 단죄하는 장소에 모인 사람들은 모두 '죄 없는 자'라 할 수도 있다. 이런 점에서 위의 말을 예수님이 아니고 다른 사람이 했더라면 그 여자는 아마 돌에 맞아 죽었을 수도 있었을 것이다. 모든 사람들이 돌을 놓고 돌아간 것은 아마 양심에 호소하는 예수님의 말씀에 감동하고 또 예수님을 믿고 존경했기 때문에 그런 결과가 나타났을 것으로 추정된다.

아무튼 예수님의 이러한 말씀이 있은 이후로 사람들은 남의 잘못을 비판하거나 남의 단점을 지적할 때 자신의 마음에 들지 않으면 흔히 예수님의 이 말씀을 원용하여 점잖지 못하다거나 싸움닭이라고 하며 오히려 비판하거나 낙인을 찍기도 했다. 물론 자신의 처신을 돌아보지 않고 쓸데없이 남의 잘못만 들추어내고 그래서 소모적인 논쟁이나 다툼만 일으킨다면 자신뿐만 아니라 주변의 많은 사람들을 피곤하고 힘들게 할 수도 있다.

그러나 원죄를 말하지 않더라도 이 세상에 정말 죄 없는 사람이 과연 있을 수 있을까? 또 죄 있는 자는 다른 죄 있는 자를 단죄할 수 없다면 이 세상의 범죄는 어떻게 처리할 것인가? 모두가 죄 있는 사람이라면 어느 누구도 단죄할 수가 없고 단죄 받을 이유도 없다는 말인가? 그렇다면 이런 세상은 정말 살만하고 살기 좋은 세상이라 할 수 있을까? 죄 없는 자만이 남의 죄를 말할 수 있고 또 그렇게 해야 한다면 이 세상엔 법이란 것도 법관이란 것도 필요 없고 불의와 부정을 보더라도 나와 직접 상관이 없다면 그냥 못 본 체하고 지나쳐야한다는 말인가?

아마 아닐 것이다. 신적인 일은 신에게 맡겨두고 인간의 일은 인간의 법에 따라 심판하고 단죄하고 비판하고 교정하며 바로잡아 나가야 할 것이다. 그래서 똥 묻은 개라도 겨 묻은 개를 나무랄 수 있고 또 나무라야 한다는 것이다. 똥 묻은 개나 겨 묻은 개나 더러운 점에서는 오십보백보다. 똥 묻은 개조차 똥이 튀어서 자기에게 똥이 더 많이 묻을까봐 걱정만 하고 눈치를 보며 겨 묻은 개나 다른 똥 묻은 개를 나무라지 않는다면 어느 누가 이들을 나무라겠는가? 또 서로 다 같이 더러운 존재라고 해서 '초록은 동색'이란 말처럼 서로 못 본체 하거나 '팔은 안으로 굽는다'는 식으로 서로 감싸고 서로 나무라지 않는다면 세상은 어떻게 깨끗해지겠으며 더 이상 어찌 변화와 발전을 기대할 수 있겠는가? 더러운 존재들은 자기 자신의 잘못은 잘 알지 못하는 자들이 많지만 남의 잘못은 더럽지 않은 사람보다 더 잘 보는 자들이 많다. 흔히 '자기 눈의 대들보는 보지 못해도 남의 눈에 티끌은 잘 본다'고 하지 않던가. 그러므로 똥 묻고 겨 묻은 그들끼리라도 서로 나무라고 꾸짖어야 한다. 그래야 더러운 것이 겉으로 드러나고 그들도 자신의 부끄러움을 알게 될 것이고 그래야 조금이라도 더 깨끗해질 수 있을 것이다.

국회에서 국회의원들의 이전투구를 보면서 더욱 그렇다고 느낀다. 국회에서는 야당과 여당이 서로 똥이 묻은 개라고 나무라면서도 자기들에게 불리하거나 이롭지 않은 일에 있어서는 타협이란 이름으로 야합을 하고 덮어버리는 경우가 많다. 이를 보고 사람들은 괜히 저런 인간들을 국회의원으로 뽑아서 국민 세금만 축내고 나라를 어지럽게만 만든다고 욕을 하기도 한다. 나도 물론 국가와 민족을 위하기보다 당리당략만 위하고 자신들의 이익을 위해서는 아주 사소한 일을 침소봉대하고 반면에 정부의 정책이나 행정을 백안시하거나 무시하고 이런 저런 핑계나 꼬투리를 잡아서 훼방을 놓으며 차일피일 시간만 보내고 국민을 위한 일들이 제때에 시행되지 못하게 하는 것을 볼 때는 정말 얄밉고 안타깝기 그지없을 때가 많다.

그러나 다른 한편으로 생각해보면 모든 일에는 양면성이 있을 수 있고 지금의 판단이 이후에는 다른 생각을 가질 수도 있으며 또 어느 당이나 개인의 생각은 다른 사람이나 다른 당에서는 다를 수도 있기 때문에 이들의 반대나 지연전술이 없다면 오히려 잘못된 결정으로 나아갈 수도 있다는 생각도 든다. 뿐만 아니라 국회의원이나 지방 의회위원들은 행정부의 법 집행을 감시하고 견제하고 비판하라고 뽑아놓은 사람들이다. 그러므로 어떤 상황이나 문제에 대해서 다툼만 일삼을 때는 지나치다는 생각이 들 때도 있지만 다른 한편으로는 그들은 그들이 해야 할 본연의 임무를 성실히 아니 철저히 잘 수행하고 있는 것이라는 생각도 든다. 모두 무조건 정부의 정책이나 하는 일을 다 옳다고 동조만 한다면 그것은 결국 독재가 되어서 잘 못된 길로 나아갔을 때는 아무도 견제하거나 막을 수가 없기 때문이다.

그래서 나는 정치인들 중에 어느 누구도 겨나 똥이 묻지 않은 정치인은 거의 없다고 생각한다. 그러나 이들조차 서로 견제하고 비판하고 나무라지 않는다면 밖에 있는 일반 시민들은 알 수도 없고 나무랄 수도 없다. 그러므로 겨가 묻었든 똥이 묻었든 이들은 상대의 잘못이 있다면 서로 나무라고 비판하면서 그런 과정에 스스로 정화하고 깨끗해지도록 노력해야 할 것이라는 생각이 든다.

무식한 놈이 용감하다는 말처럼 나도 뭘 잘 모르기에 용감하게 한 번 월조대포越俎代庖해본다. (2019년)

좋은 옷

우리나라 속담에 "입은 거지는 얻어먹어도 벗은 거지는 굶어죽는다"는 말이 있다. 또 현대인들은 살아남기 위해서 '우리 삶의 80%는 남의 눈을 위해서 살고 나머지 20% 정도만 자기 자신을 위해서 산다.'고도 한다.

이 말들은 유독 체면과 외모를 중시하던 우리 민족의 의식에서 비롯된 것으로서 남의 눈을 위해서는 아니 살아남기 위해서는 옷을 입어야 하고 그것도 남에게 잘 보이도록 옷을 잘 입어야 한다는 의식이 반영되어 있는 그런 말들인 것 같다. 이에 따라 우리나라 사람들은 옷과 외모에 관심이 많아졌고 그에 따라 남의 시선으로 인한 스트레스와 부작용도 많아졌다고 하겠다.

물론 이런 의식은 우리나라의 섬유산업이 세계 굴기로 발전하고 또 성형 기술이 세계인의 부러움을 살 만큼 발전하는데 자극제가 된 것도 사실일 것이다. 그러나 이렇게 살아남기 위해서 또 밥이라도 한 술 더 얻어먹기 위해서 옷을 잘 입었고 성형을 많이 했으며 또 그 결과 그런 분야 산업의 발전을 가져온 것이 과연 우리를 행복하게 했는가 하는 문제와는 별개인 것 같다.

그럼 우리가 살아남으면서도 행복하려면 어떻게 입어야 정말 잘 입는 옷이 되고 좋은 옷이 될까? 흔히 '물건을 모르면 값을 많이 주어라'고 했으니 비싼 옷이 일견 좋은 옷인 듯하다. 그러나 '돼지 목에 진주목걸이'라는 말도 있는 것으로 보아서는 무작정 비싸기만 하고 격에 맞지 않으면 그것도 좋은 옷은 아닌 것 같다. 뿐만 아니라 아무리 비싼 가방이라도 그 안에 쓰레기만 가득 담겨 있으면 그 가방은 쓰레기통이 되고 아무리 허름한 상자라도 그 안에 아름답고 빛나는 보석이 가득 담겨 있다면 그 상자는 아주 멋진 보석상자가 되는 것이다. 이처럼 사람과 옷의 관계도 옷을 입은 사람의 인품과 사고에 따라 좋은 옷과 나쁜 옷이 구분 되고 결정 되는 것이 아닐까 한다.

내가 어린 시절에는 떨어진 옷을 기워 입는 것은 보통이었고 외출복이 따로 마련되어 있는 경우도 거의 없었다. 물론 외출할 일도 거의 없었고 멋을 부릴 일도 없었다. 단지 옷이 가진 보호와 가림 정도의 1차적 기능에 충실한 그런 옷이면 만족했었다. 새 옷이란 것도 명절이 되어서 어머니께서 사다주시는 설빔이나 계절이 바뀔 때 어떤 명목에 의해 사다주시는 옷이 전부였고 그것도 좋고 나쁨을 떠나 그냥 새 옷이라는 것만으로도 만족하고 좋아했던 것 같다. 그리고 오늘날도 나는 여전히 남들이 보기에 흉하지 않고 내 몸에 맞고 편하면 여전히 좋은 옷이라 생각한다.

그러나 요즘은 먹고 살만한 세상이 되어서 그런지 아니면 더 잘 먹고 더 잘 살기 위해서 그런지, 어린 시절부터 옷과 옷차림에 대한 관심은 세계 어느 나라 못지않게 대단한 것 같다. 뿐만 아니라 내 아내조차도 좋은 옷은 백화점에서 사야하고 값이 비싸야 하고 유행에 맞아야하며 명품이란 이름이 붙었으면 더욱 좋은 옷이라 생각하는 것 같다.

이런 사고가 반영되어서 요즘은 어린 아이일 때는 부모의 눈에 귀엽고 다른 사람의 눈에도 귀엽게 보여서 다른 사람의 칭찬하는 말이 부모의 귀에 들릴 수만 있다면 가격의 고하를 따지지 않고 또 가정 경제의 파탄을 감수하면서까지 비싼 옷을 입는 것이 가장 잘 입는 것이라 여기는 것 같다.

청소년기에는 남들이 좋다고 하는, 아니 부모나 어른들이 좋다고 하기보다는 또래들이 좋다고 하는 옷 즉, 당대에 유행하는 옷을 입어야 또래들과 어울릴 수 있고 또 또래들의 부러움을 살 수 있기 때문에 이런 옷이 좋은 옷이라 하는 것 같다.

좀 더 나이가 들어서 숙녀나 청년이 되면 상대방의 관심을 끌고 자신이 돋보이면서 상대에게 호감이나 사랑을 받을 수 있는 옷, 그리고 유행도 따르지만 자기만의 개성이나 자신의 특성을 드러낼 수 있어서 자신을 돋보이게 할 수 있는 그런 옷이라야 좋은 옷이라 여기는 것 같다.

장년이 되어서는 자신의 개성보다는 주변 모두에게 자랑하고 싶고 상대의 부러움을 사고자 하는 마음이 많기 때문에 그러한 욕심을 충족시켜 주는 명품이거나 비싸거나 남들이 부러워하는 그런 옷을 좋은 옷이라 여기는 것 같다.

그러나 나이가 더 들어서 늙어지면 이미 귀엽게 보일 수 있는 나이는 지났기에 귀여운 옷도 필요 없고 유행을 따라서 함께 어울릴 수 있는 그런 친구도 없기에 유행을 타는 옷도 좋은 옷이 될 수 없다. 또 이미 짝을 짓거나 취업을 하거나 남에게 자랑할 일도 없는 나이가 되었기에 값비싸고 허영심을 채울 수 있는 그런 옷도 필요 없게 된다. 그러므로 이런 나이가 되면 그냥 몸이 편하고 건강에 도움이 되기만 하면 되는 그런 옷이 좋은 옷이라 여기게 된다.

그러면 이렇게 옷을 입는 것이 정말 옷을 잘 입는 것이고 또 이런 옷들이 진정으로 좋은 옷일까? 오로지 남의 눈을 위해서 또 자기의 뜻을 이루기 위해서 옷을 입었고 그래서 자신의 뜻을 이룰 수 있었다면 궁극적으로는 자신의 옷을 입는 목적을 달성할 수 있었다는 점에서 그런 옷이 좋은 옷이 될 수는 있을 것 같다.

그러나 옷이 원래 가지는 근본적인 기능 이외에 어떤 목적을 이루기 위해서만 옷을 입었을 때 과연 그것이 자기 자신에게도 좋고 남에게도 좋을 수 있고 행복하게 할 수 있는지는 좀 더 생각해 볼 문제인 것 같다.

옷에는 첫째. 신체의 치부 즉, 몸의 하수도에 해당하는 더러운 부분을 가리고 신체나 감정을 보호하는 기능이 있고 둘째, 신분과 성격과 예의의 표현 기능이 있으며 마지막으로는 아름다움이란 장식의 기능이 있다고 한다. 이런 점을 고려해 본다면 노년 이전의 옷은 첫 번째 기능이 너무 무시 되었고 노년의 옷은 둘째와 셋째의 기능이 너무 무시 되었다.

그러므로 처녀가 너무 유행을 따르고 멋만 부리다가 얼어 죽었다고 비아냥거리는 말이나 옷을 헐벗어서 밥도 빌어먹지 못해 굶어죽었다고 비난받는 거지의 상반된 이야기 등에서도 알 수 있는 바와 같이 진정으로 좋은 옷이란 이 세 가지 기능이 골고루 반영이 되면서도 앞에서 본 자신의 목적도 달성될 수 있는 그런 옷이 아닐까 한다. 즉, 기능과 목적이 조화를 이루는 중도의 옷, 그러면서 자기의 경제적 사회적 위치에 걸맞은 옷이라야 얼어 죽지도 않고 굶어 죽지도 않을 뿐만 아니라 남에게도 멋지게 보이는 좋은 옷이 되지 않을까 한다.

이런 점에서 값비싼 옷이나 유행이나 명품에만 목숨을 거는 허영심 많은 사람들의 옷은 본말이 전도된 옷이자 궁극적으로는 좋은 옷이라 할 수는 없을 것이다. 뿐만 아니라 오늘날 우리의 삶 전체가 근본보다는 현상이나 지말에 경도 되어 있다는 점에서 우리는 옷만이 아니라 우리의 삶 자체도 다시 한 번 되돌아볼 필요가 있지 않을까 한다. (2017년 4월)

내 글쓰기의 반성

요즘은 글을 쓰려고 컴퓨터 앞에 앉으면 막막하기만 하고 무엇을 어떻게 써야 할지 감이 잡히지 않는다. 특히 옛날 학창시절에 은사님께서 '글 같지 않은 글을 써서 쓸데없이 책을 내는 것은 공해를 유발하는 것이다.'라고 했던 말이 생각나서 더욱 글을 쓰기가 두렵다.

그런데 글을 어떻게 쓸 것인가는 글을 왜 쓰느냐의 이유와 관련이 있고 그 이유에 따라 글을 써야 공해를 유발하거나 아무도 읽지 않고 단지 자기 자신만 읽는 그런 글이 되지 않을 수 있겠다는 생각이 든다.

글을 쓰는 이유는 사람에 따라 쓰는 위치에 따라 쓰는 환경에 따라 글을 쓰는 사람의 수만큼이나 다양하고 서로 다를 수 있다. 그러나 궁극적으로 따져본다면 글을 쓰는 모든 사람들의 공통적인 이유는 결국 자신이 쓴 글을 남이 읽기를 원하기 때문이라고 할 수 있다. 자신이 쓴 글이 영원히 아무도 읽지 않고 읽을 수도 없고 읽을 필요도 없다면 그 누구도 글을 쓰지는 않을 것이기 때문이다. 그러므로 글을 쓰는 궁극적인 이유는 결국 자신의 글이 남에게 읽히고 공감을 얻기 위해서 쓴다고 할 수 있다.

그런데 우리나라 독서인구의 통계를 보면 전자책과 만화를 포함하면 OECD 국가 중에서 낮은 편은 아니다. 그러나 독서 인구는 해가 갈수록 점점 줄어들고 있는 추세다. 특히 최근에는 스마트폰 등의 영향으로 순수 독서 인구는 급속하게 줄어들고 있을 뿐만 아니라 세 줄 이상이면 SNS의 글도 읽지 않는다고 할 만큼 긴 글은 아예 읽으려고도 하지 않는다.

그렇다면 독자에게 읽히기 위해서는 어떤 글을 어떻게 써야 할까?

현대인들은 어렵고 힘들고(재미없고) 지루한 것을 싫어한다. 그러므로 작가는 독자들의 이러한 성향을 고려해서 글을 써야 한다. 즉, 글은 우선 쉽게 써야한다. 작가와 평론가들만 알고 자기들끼리 추어주고 끌어주는 그런 글은 아무리 좋은 글이라 자랑해도 끝내 독자를 확보할 수 없다. 다음은 글을 짧게 써야 한다. 현대인들은 오래 집중하고 장시간 생각하는 것을 싫어한다. 돈벌이가 되거나 자신의 현실적 삶에 도움이 된다면 몰라도 그렇지 않은 것에 힘을 쓰거나 장시간 노력을 들이려 하지 않는다.

그 다음은 재미있는 글을 써야 한다. 현대인들은 같은 일을 반복하거나 지루한 것을 아주 싫어한다. 재미있고 끊임없이 변화하는 것을 좋아한다. 그래서 문학작품을 읽더라도 계속 수필만 읽거나 시만 읽는 것에 금방 싫증을 느낀다. 그러므로 모든 작품의 내용이 재미있어야 하는 것은 물론, 두꺼운 수필집이나 시집은 독자에게 읽히기 어렵다. 뿐만 아니라 수필만으로 구성된 책이나 시만으로 구성된 책도 변화가 없어서 읽히기 어렵다. 이런 점에서 앞으로는 수필과 시 그리고 시와 수필 혹은 소설과 시 등이 혼합된 그런 작품집이 나와야 할 것은 물론 현대는 이미 영상 시대가 된 지 오래다. 그러므로 힘들이지 않고 문학 작품을 읽고 즐길 수 있도록 문학과 영상 매체가 결합 될 수 있는 방법도 강구되어야 할 것으로 보인다. 또 시나 수필도 읽는 것이 아니라 보거나 듣는 것만으로 그 내용을 알 수 있고 이해할 수 있는 그런 방향으로 작품을 구성해야 할 것이 아닌가 한다.

그런데 현실에서는 이런 것이 전혀 반영되지 못하고 있다. 옛날의 시들은 그냥 읽기만 해도 정확하지는 못해도 그래도 무엇인가 그 의미가 이해되고 가슴에 와 닿는 무엇이 있어서 한 번 읽은 작품이라도 오래 기억되면서 다시 읽고 싶은 충동을 느끼게 했다. 그러나 현대의 시들은 너무 함축성이 부족하여 산문을 읽는 느낌을 주거나 아니면 너무 비약이 심해서 도대체 무슨 말인지 알 수도 짐작할 수도 없는 작품이 많다. 그런데도 평론가들은 무슨 영문인지 신기하게도 그런 작품에 의미를 부여하고 해석하며 대단한 작품이라고 높이 평가를 하기도 한다.

이처럼 현대의 시와 평론은 구름 위에서 신선들끼리 선문답을 주고받는 형식의 문학 활동을 하고 있는 것 같다. 이런 상황이라면 현대의 문학 작품들이 과연 독자를 작품의 세계로 끌어들일 수 있겠는가? 뿐만 아니라 아무리 잘 쓴 글이라도 읽히지 않는다면 감동을 줄 수 없고 감동을 줄 수 없으면 잘 쓴 글이라 할 수도 없고 또 쓸 필요도 없는 글이 되고 말 것이다.

물론 현대 비평 이론을 보면 참으로 대단하다. 용어 자체도 어렵고 신기함은 물론 작품을 분석하고 해석하는 방법 등도 매우 기발하다. 그러나 창작자는 그러한 비평과 이론을 참조할 필요는 있으되 그런 비평에 구애拘礙될 필요는 없다고 생각한다. 문학 작품이 먼저 있고 그것을 해석하고 이해하는 과정에서 나온 것이 문학 비평이론이지 문학 비평에 맞추어서 문학 작품의 창작이 이루어진 것은 아니기 때문이다.

이런 점에서 독서하지 않는 독자를 탓하거나 시대를 핑계 삼기보다는 변해가고 멀어져가는 독자와 작가가 점점 그 간격을 좁히고 문학이 꽃피고 문학이 현실을 살아가는 현대인들에게 정신적 위안과 즐거움과 감동을 주기 위해서는, 또 현실을 넘어서는 지혜를 주는 그런 존재로 우뚝 서기 위해서는, 모든 문학 작품은 쉽고 짧고 재미있게 써야 한다는 것이다. 거기에다 가능하면 시와 수필, 수필과 시 더 나아가서는 시적 수필, 수필적 시 그리고 이들이 영상 매체와 결합된 그런 작품을 만들 수 있도록 노력해야 하지 않을까 한다.

나 자신도 자꾸만 길어지고 중언부언하는 그런 글이 되지 않도록 스스로 반성하고 앞으로는 촌철살인寸鐵殺人할 수 있는 그런 글을 쓸 수 있도록 더욱 노력해야겠다고 반성하고 다짐해 본다. (2018년 6월)

돌탑

우리나라는 어디를 가든 돌이 많은 곳에 가기만 하면 어김없이 몇 개의 돌탑이 있는 것을 보게 된다. 물론 그 모양은 매우 다양하여 아주 솜씨 좋게 쌓은 멋진 탑이 있는가 하면 지나가는 사람들이 재미로 몇 개의 돌을 쌓아서 만들어 놓은 장난스런 돌탑도 있다. 모양이야 어떻든지 간에 가는 곳마다 이렇게 돌탑이 많은 나라는 세상에서 우리나라 이외에는 없을 것 같다는 생각에 놀라움을 금하지 못할 때가 많다. 물론 내가 세상의 많은 곳을 다녀보지 못해서 고루固陋과문寡聞한 탓도 있겠지만 말이다.

그런데 원래 탑을 쌓게 된 유래를 살펴보면 탑의 기원은 고대 인도에서 시작했다고 하는데 본래 석가모니 부처님께서 '가섭불'의 사리를 위해 흙을 쌓아 탑을 만드신 데서 유래했으며 후세에는 부처님과 큰스님들의 사리를 봉안하여 그 덕을 존경하고 예배의 대상으로 삼기위해서 탑을 세우게 되었다고 한다.

특히 석가모니 부처님이 돌아가신 후에는 당시 인도의 장례 풍습에 따라 화장을 하게 되었다. 그런데 부처님께서는 이미 살아계실 때 수천의 제자를 두었고 이웃나라에까지 이름이 알려질 정도로 명성이 높았기 때문에 부처님을 화장하고 난 뒤에는 부처님의 흔적이라도 서로 얻고자 해서 몸에서 나온 사리를 8개 나라에서 서로 가져가려고 다툼이 일어났다. 부처님의 제자 중에 도로나라는 사람이 이것을 보고 서로 싸우지 말고 같이 나누자고 했고 그에 따라 8개 나라가 나누어 가지게 되었다고 한다. 또 부처님의 사리는 귀하고 고귀한 것이기 때문에 이것을 보관할 시설을 만들게 되었는데 이것이 오늘날과 같은 돌탑의 시초가 되었다고 한다. 그러므로 이것은 일종의 부처님의 무덤이라 할 수 있다.

이후 인도의 대제국을 건설한 아소카왕이 8개의 탑을 다시 분산시켜 84000개의 탑을 세우고 불교를 번창시키자 부처님의 사리가 모셔진 탑은 사람들의 참배와 신앙의 대상이 되었다고 한다. 이후 불교는 동쪽으로 전파되었고 동쪽 나라에서도 인도를 따라서 탑을 만들게 되었다는 것이다.

원래 인도의 탑은 인도가 건조한 지대라서 흙으로 만든 벽돌을 쌓아 만들었다. 그러던 것이 다른 나라로 전파 되면서 중국에서는 그들이 잘 만드는 모양대로 나무로 고층 기와집 모양으로 만들거나 황하강 주변 같은 곳에서는 건조하고 황토 흙이 많은 지리적 환경적 조건에 따라 흙으로 만든 벽돌로 나무탑과 같은 모양의 탑을 주로 만들었던 것이다.

그것이 우리나라에 처음 들어온 삼국시대에는 우리도 목탑이 중심이었던 것같다. 그러다가 우리나라에는 화강암이 많아서 재료 걱정도 없고 또 돌이 나무보다 훨씬 튼튼해서 훼손될 염려도 적기 때문에 1400년 전부터는 주로 석탑을 만들기 시작했던 것 같다. 이러한 돌탑이 오늘 날 우리나라의 산하에 수도 없이 많은 돌탑들이 세워지게 된 계기가 되었던 것이 아닌가 한다.

그러나 이렇게 산하 곳곳에 세워진 수많은 크고 작은 돌탑들은 원래의 부처님을 숭배하는 그런 이유와 목적을 위해 세워진 것도 있지만 모두 그렇다고 보기는 어렵다. 이것은 지금도 돌탑을 쌓고 있는 사람들의 돌탑 쌓는 이유에서도 알 수 있다. 즉,

"불당에만 부처가 있는 것이 아니지. 승복을 입고 수련한다고 해서 불도가 아니지. 불당이 아니라 개천이라도 마음이 있는 그 곳이 곳 불당이며, 승복을 안 입어도 마음을 다스리는 일이 곳 불도인 것을" (인터넷 naver. '돌탑 쌓는 이유에서 인용'. 이하도 동문)

"나도 잘 모른다. 내가 왜 살고 있는지 모르기 때문에 그 이유를 알 때까지 탑을 쌓을 것이다. 죽기 전까지는 알 수 있을지 모르겠다. 설령 모른다 해도 무슨 상관인가. 탑을 쌓는 그 자체가 중요한 것 아니냐."

"죽은 내 아들의 극락왕생을 빌고 내 마음이 편안해질 때까지 쌓을 것이다."

등등에서 알 수 있는 바와 같이 전문적으로 돌탑을 쌓는 사람들은 깨달음을 얻기 위한 간절한 마음도 있지만 길을 가다가 길가에 널려 있는 돌들을 보고 그냥 재미로 또는 가벼운 소망의 성취를 바

라며 몇 개의 돌을 포개어 탑을 쌓는 사람들이 더 많다는 것을 생각해보면 탑을 쌓는 이유는 탑을 쌓는 사람의 수만큼이나 많고 다양하고 서로 다르다고 하겠다.

그러나 수많은 사람과 수많은 돌탑의 공통점은 한결같이 그냥 재미로만 쌓는 것이 아니라 모두 무엇인가 간절한 소망이 있고 또 그 소망이 이루어지기를 바라기 때문에 탑을 쌓는다는 것이다. 그 모양과 형태는 탑을 쌓는 사람의 솜씨와 능력에 따라 천차만별이고 또 탑을 쌓을 때의 순간적 마음과 환경에 따라 정말 멋진 탑 모양을 갖춘 탑이 되기도 하고 아니면 지나는 길가에 몇 개의 돌을 포개어 놓은 그런 탑이 되기도 하지만 그 탑과 돌 하나하나에 담긴 간절한 소망은 모양과 형태에 관계없이 하나 같이 간절하고 지극한 마음이었다는 것은 마찬가지라 할 것이다.

이런 점으로 볼 때 우리나라가 세계에서 돌탑의 수가 가장 많다는 것은 우리 민족에게는 탑을 쌓고 기원해야 할 소망이 그만큼 많았기 때문이라 할 수도 있을 것이다. 뿐만 아니라 간절히 기원해야 될 소망이 많다는 것은 또 그것을 이루고자 하는 성취 의욕도 그만큼 컸음을 보여준다고 할 수 있다.

특히 우리민족은 지리적 환경적 조건 등으로 외세의 침략을 아주 많이 당하는 과정에서 수많은 고통을 겪었던 만큼 한이 많은 민족이자 그러한 고통을 벗어나 행복한 삶을 영위하고자 하는 욕망과 소망이 이 세상 어떤 민족보다 크고 간절했던 민족이라 할 수도 있다.

그러므로 우리 민족은 세상에서 이루고자 하는 소망이 가장 많고 간절한 민족이고 또 그 소망을 이루고자 하는 성취의욕이 가장 컸던 민족이라 할 수 있다. 이에 따라 욕망 달성을 위한 노력도 그만큼 컸을 것이라 추측할 수 있다. 이런 점에서 우리민족은 탑의 숫자만큼 또 그 정성만큼 앞으로의 발전 가능성도 다른 어떤 민족보다 크고 대단한 민족이라 할 수 있지 않을까 한다.

우리 민족 만세 만세 만만세. (2019년 9월)

극과 극은 통한다

젊은 시절에는 TV를 볼 시간도 많지 않았지만 시간이 있다고 해도 TV를 보며 시간을 보내는 것 자체를 별로 좋게 생각하지도 않았다. 그러나 나이가 들면서 특히 정년을 한 이후에는 할 일도, 하고 싶은 일도, 해야 할 일도 별로 없고 남아도는 것이 시간이라서 언제부터인가 아침에 일어나면서 TV를 켜면 저녁에 잘 때까지 TV를 보거나 켜놓는 일이 많아졌다. 그러다 보니 자연스럽게 호불호의 TV 프로그램이나 TV 채널도 생기게 되었다.

예전에는 필자 자신이 음치이고 가무를 별로 좋아하지 않았기 때문에 오락 프로그램이나 가요 프로그램은 별로 좋아하지 않았다. 그래서 TV를 볼 때 아내와 채널 경쟁과 다툼이 일어나기도 했다. 그러나 요즘은 닥치는 대로 보거나 아니면 아내가 보는 TV 채널을 그냥 따라가며 보다보니 아내가 좋아하는 오락이나 음악 프로그램을 자주 보게 되고 또 자주 보다보니 나도 모르게 이제는 좋아하는 프로그램도 아내를 닮아가게 되었다.

그래서 요즘은 특별한 일이 없으면 무조건 아내와 함께 보거나 다른 사정으로 그 시간에 시청을 하지 못하면 재방송이라도 챙겨 보는 프로그램이 하나 생겼다. 그것은 주말 저녁 6시경에 KBS2 TV에서 방송되는 "불후의 명곡"이란 프로그램이다. 그 중에서도 5월 25일 "그리운 이에게 전하는 연가 故하중희 편"이란 "불후의 명곡" 프로그램은 특별했다. 평소에는 아내의 기호에 따라 이 프로그램을 같이 시청은 했지만 대중가요의 대중성에 대해 그렇게 높은 평가를 하지는 않았다.

그러나 이날의 프로그램 진행 중 두 명의 젊은 '국악 소리꾼'이 옛날 '김상희'란 가수의 '코스모스 피어있는 길'이란 노래를 심청가 중의 '상여가'와 결합하여 노래 불러서 우승을 차지하는 장면은 대중가요에 대한 나의 지금까지의 편견을 불식시키기에 모자람이 없었다.

'코스모스 피어 있는 길'은 멜로디가 밝고 가벼운 노래이고 가사는 무엇인가를 기다리는 안타까우면서도 아름답고 즐거운 마음을 담고 있다. 이에 비해 '상여가'는 어둡고 무겁고 침중한 곡조에 내용은 죽음에 대한 슬프고 안타깝고 애달픈 마음을 담고 있다. 그래서 이 두 노래는 곡과 가사 양 측면에서 서로 상반된 극단의 대척점에 서 있는 감정과 마음을 담고 있는 노래라 할 수 있다. 이런 점에서 이 두 노래는 서로 조화를 이루거나 함께 어우러질 수 없는 성격의 대척적인 위치에 있는 노래라 할 수 있다.

그런데 이 두 노래가 함께 어우러져 조화를 이루고 시너지 효과를 내어 경연대회에서 우승을 차지했다. 여기에서 필자는 많은 생각을 하게 되었다. 즉 '극과 극은 서로 통한다'는 말 자체다. 우리는 흔히 '극과 극은 서로 통한다'고 말하고 또 그렇게 믿고 있지만 실제로 서로 통하는 사례를 찾아보면 그 주장의 대부분은 어디에도 속하지 못한 자기 자신의 정당성을 확보하려는 비논리적인 수사나 변명에 지나지 않는 경우가 대부분이었다는 것을 알 수 있다. 그러나 인간의 감정과 감동을 다루는 '불후의 명곡' 프로그램이라는 노래의 경연에서는 서로 대척점에 있다는 두 노래가 서로 결합하여 시너지 효과를 냄으로서 많은 시청자를 감동하게 하고 그 결과 우승까지 차지했다. 이것은 실제로 극과 극은 서로 통한다는 말의 극적인 사례이자 그런 장면을 연출해 낸 프로그램이었다 할 것이다.

여기에서 문득 깨닫게 된다. 기쁨이 지극하면 슬픔이 되고 슬픔이 지극하면 기쁨이 되는 것은 아니지만 슬픔도 지극한 지경에 이르러서 더 이상 슬플 것이 없어지면 마침내 기쁨으로 나아갈 수밖에 없고 기쁨도 지극한 기쁨에 이르러서 더 이상 기쁠 것이 없어지면 결국 슬픔으로 나아갈 수밖에 없는 것은 어쩔 수 없는 사실이 아닌가 하는 점이다. 이것은 가장 낮은 곳에 떨어져서 더 이상 낮아지거나 떨어질 곳이 없으면 결국 높은 곳으로 나아갈 수밖에 없고 가장 높은 곳에 올라가서 더 이상 높아지거나 올라갈 곳이 없으면 마침내 낮은 곳으로 나아갈 수밖에 없는 것과 같은 이치가 아닐까 한다.

이런 점에서 보면 우리의 인생도 슬프다고 너무 슬퍼할 필요도 없고 기쁘다고 너무 좋아할 필요도 이유도 없을 것 같다. 근거는 슬픈 것이 더 슬프면 결국 기쁜 것이 되고 기쁜 것도 더 기쁘면 결국 슬픈 것이 되는 것이기 때문이다.

그러므로 우리는 인생을 살아가는데 있어서 자신의 인생 목표를 달성하기 위해 최선을 다하는 것은 반드시 필요한 행동이고 조치이지만 모든 것에 너무 집착하거나 안타까워하면서 목숨을 걸 필요까지는 없다는 것이다. 내가 선택한 것이 꼭 가치 있고 인간의 삶에 없어서는 안 될 소중한 가치를 가질 수도 있지만 그것은 관점과 시각에 따라 나의 판단일 뿐 그렇지 않을 수도 있기 때문이다.

또 그렇게 소중한 가치를 가졌다 할지라도 모든 것이 돌고 돌며 극과 극은 서로 통한다는 측면에서 보면 내가 지금 달성하지 못해서 안타깝고 서러운 것이 오히려 달성하지 못해서 더 좋은 것이 될 수도 있고 가치 없다고 생각했던 것이 더 가치 있고 더 바람직할 수도 있기 때문이다. 뿐만 아니라 세월이 지나면 시대에 따라 진리와 가치의 기준도 변하고 관점도 변하기 때문에 어떠한 것도 절대적인 것은 없고 어떠한 것도 영원한 것은 없기 때문이다.

이런 점에서 앞으로는 나 자신도 '극과 극은 서로 통한다'는 말이 진실이고 사실이라는 것을 믿고 모든 일에 최선을 다하기는 하겠지만 결과에 대해서는 좀 더 너그럽고 초연하며 결과에 너무 연연하지 말아야겠다고 다시 한 번 다짐해 본다. (2019년 5월)

제3부

등단 후 그제

낯술 먹고 취하면
아비도 몰라본다는데
점심밥 대신 마신 맥주 몇 잔에
기억조차 희미한 아버지가 생각난다

소처럼 평생 일만 하시고
그렇게 좋아하시던 술도 놀음도
마음껏 해보지 못하셨던 아버지
평생의 소망이 무엇이었는지
말씀도 한번 해보지 못한 채
죽어서도 혼자 누워 외로우신 당신

아비로 산다는 것이
여름철 한낮의 땡볕처럼 버거운데
목매여 우는 매미소리만 더위에 취한 듯
가는 여름을 절규하고 있구나
-「낮술」

생명의 위대함

절벽 위 바위틈에 간신히 뿌리를 박고 모진 비바람과 눈보라를 견디면서 아슬아슬하게 서있는 키 작은 소나무, 나지막하면서도 꼬불꼬불하고 뒤틀어졌으면서도 외롭게 겨우겨우 생명을 유지하고 서있는 소나무를 보며 우리는 그 모습을 참으로 대견하고 멋있다고 한다. 저렇게 척박한 환경에서 모질게도 살아남은 그 모습에서 무엇이 대견하고 멋있다고 하는 것일까? 너무나 안쓰럽고 안타까워서 오히려 삶의 잔인함이 느껴지지 않는가?

도시의 보도 블럭 사이나 콘크리트 옹벽이나 아스팔트 길 옆, 작은 틈만 있으면 어디서든 푸른 잎을 내밀고 사람들이 아무리 밟고 다녀도 거기서도 꽃을 피우고 열매를 맺는 작은 식물들, 그들의 삶에 대한 절박함과 삶에 대한 끈질김은 눈물겹도록 안타깝고 잔인하지 아니한가? 왜 그들은 그렇게라도 살아야만 하고 살려고 애를 쓸까?

길거리에서 노숙을 하며 일 년에 한 번도 목욕을 하지 않았는지 근처에만 가도 불쾌하고 역겨운 냄새를 풍기면서 한푼 두푼 구걸한 돈으로 컵라면을 사서, 매서운 겨울바람이 살을 에는 겨울철 지하철 옆 계단에 쭈그리고 앉아서 컵라면을 맛있게 먹는 노인의 모습을 본다면 산다는 것이 과연 의미가 있고 또 왜 그렇게 살아야만 하고 그래도 살아야만 하는 것인지 의문이 생기지 않는가?

어떻게 불구가 되었는지 알 수는 없지만 하체가 없는 몸을 이끌고 시장 바닥을 기어 다니면서도 살아보겠다고 구걸하는 사람의 모습을 본다면 산다는 것이 그리 유쾌하고 살만하다는 생각이 드는가? 그들은 왜 사는가? 그렇게라도 이 세상은 살만한 가치가 있는가? 사는 것이 무슨 의미인가? 산다는 것이 그리 대단한 일인가? 등등 삶 자체에 대한 의문이 일어나지 않는가?

또 생명이란 무엇인가? 사람과 다른 동물은 생명이 서로 다른 것인가? 누구에게는 생명이 소중하고 누구에게는 생명이 하찮은 것일까? 식물에게는 생명이 더욱 하찮은 것일까? 잘난 사람에게는 생명이 소중한 것이고 못난 사람에게는 생명이 하찮은 것일까? 건강한 사람에게는 생명이 소중하고 병약한 사람에게는 생명이 하찮은 것일까? 젊은 사람에게는 생명이 소중하고 늙은 사람에게는 생명이 하찮은 것일까?

나는 이렇게 정답도 없는 이상한 문제에 관심을 가지고 이제까지 몇 십 년을 살아왔다. 그러다가 요 며칠 전에야 비로소 그런 질문에 대해 나름대로의 대답을 찾은 것 같기도 하다.

내가 사는 집은 바닷가 해안도로를 따라 절벽을 깎아 그 아래에 지은 아파트다. 그래서 아파트 옆에도 암석만 보이는 거의 직각에 가까운 절벽이 길게 이어져 있다. 그런데 어느 날 운동을 나갔다가 집으로 돌아오는 길에 건널목에 서 있다가 아파트 옆 절벽에서 이제까지 보지 못했던 노란색 꽃들이 절벽 꼭대기와 조금 아래쪽의 둔덕이 져 있는 절벽에 너무나 아름답게 피어 있는 것을 보았다. 내가 아는 안목으로는 저렇게 아름답고 노랗게 피는 꽃은 달맞이꽃밖에는 없을 것이라 생각하고 건널목을 건너자마자 사랑하는 마음을 이기지 못해 절벽 바로 밑에까지 다가가서 자세히 살펴보았다.

그러다가 깜짝 놀랐다. 그것은 달맞이꽃이 아니라 선인장이었다. 선인장이 자신의 무게를 힘들게 견디면서 그곳 절벽 꼭대기 부분에 거의 거꾸로 무리지어서 매달려 있었다. 저런 곳에 선인장이 어떻게 매달려 있을 수 있으며 또 어찌 꽃을 피울 수가 있었는가? 또 어찌해서 그 씨앗이 떨어져 그 아래 바위 절벽에 선인장 꽃밭을 만들 수 있었단 말인가? 감탄과 찬양은 물론 그 기구한 삶의 모습에 가슴이 저려오는 듯한 충격을 받았다.

집에 돌아와서도 그 아름답고 애절한 모습에 가슴이 아리는 듯했다. 그래서 무슨 선인장인지 궁금증을 참지 못하고 사전을 찾아보았다. 그것은 선인장 중에서도 중남미에서부터 오래 전에 우리나라에 들어와서 주로 제주도 등지에 서식하는 천년초란 선인장이라 했다.

내가 이런 선인장에 주목하는 것은 민간에 알려진 선인장의 약효나 이국의 식물이라는 것이나 꽃이 아름답다는 것이 아니다. 그 이유는 어찌해서 선인장이 그 바위 절벽에 거꾸로 매달리게 되었으며 또 그곳에서 그렇게 처절하게 생명을 유지하게 되었고 또 그런 곳에서 어떻게 그렇게 아름다운 꽃을 피울 수 있었는가 하는 점이다. 또 그것도 모자라서 그곳에서 씨를 뿌리고 그 밑에 그토록 아름다운 선인장의 꽃밭을 만들 수 있었는가 하는 점 등이다.

따지고 보면 이들이 왜 어떻게 이곳에 왔든지 또 어떤 과정을 거쳐서 그곳에 뿌리를 내리게 되었는지 등은 그렇게 중요하지 않은 것 같다. 다만 그들이 어떻게 왜 그렇게 척박하고 모질고 힘든 곳에서도 생명을 유지하고 또 꽃을 피우고 후손을 번성시키게 되었는가 하는 끈질긴 생명력에 대한 경외심이다. 정말 생명이란 이렇게도 잔인하고 끈질기고 눈물겹도록 아름답고 위대한 것이란 말인가? 새삼 모든 생명에 대한 경외감이 드는 것을 금할 수가 없었다.

그래서 이제까지 겉모습이 나약하고 힘들고 더럽고 추하고 고통스럽게만 보이는 생명들에 대해서는 왜 사는가? 라는 의문과 함께 살 이유도 없고 산다는 것 자체가 잔인하다고만 여겼던 나의 생각에 일대 변혁이 일어났다. 즉, 아무리 하찮게 보이는 것도, 아무리 어렵고 힘들게 보이는 것도, 아무리 추하고 더럽게 보이는 것도, 또 환경이 아무리 열악할지라도, 그들이 그것을 극복하고 생명을 유지할 수만 있다면 언젠가는 그들도 아름다운 꽃을 피울 수 있고 언젠가는 열매를 맺을 수도 있을 것이고 그에 따라 언젠가는 그들도 후손을 남길 수도 있을 것이라는 것이다.

이런 점에서 일단 살아남는 것 즉, 생명이 얼마나 소중하고 얼마나 위대한 것인가 하는 것에 대한 새로운 생각을 갖게 되었다. 생명이 있다면 그래서 살아만 있다면 언제가 될지는 모르지만 언젠가는 그들도 남들처럼 또 남들에게 부끄럽지 않게 그들의 소망을 이루고 남들의 부러움을 받을 수 있는 그런 삶을 이루게 될 수도 있다는 것이다. 그러므로 이 세상에는 어떤 존재든, 어떤 처지든, 어떤 생명이든, 어떤 것도 살아 있는 생명보다 더 소중한 것은 없고 생명보다 더 위대한 것은 없다는 것이다.

앞으로 나는 모든 생명, 아니 어떠한 생명이라도 그 존재의 의미와 가치는 동일하고 소중하다는 생각으로 항상 경외심을 가지고 생명 그 자체를 존중하고 사랑하고 보호하고 차별 없이 대해야겠다고 다시 한 번 다짐해본다. (2017년)

유통기한

어느 날 TV 프로그램에서 유통기한에 대한 대담을 방영한 적이 있다. 거기서 어느 전문가가 '음식 등 먹는 것에만 유통기한이 있는 것이 아니라 후라이팬과 같은 공산품에도 유통기한이 있다. 그래서 그 기한을 넘기면 발암물질이 나와서 건강에 해롭다'고 했다.

그러자 방송을 듣고 있던 아내가 벌떡 일어나더니 부엌으로 가서 몇 개의 후라이팬을 들고 살펴보다가 모조리 쓰레기통으로 던져버리는 것이었다. 평소에는 게으르던 아내가 그날은 유난히도 부지런을 떨었다. 그리고 그 후라이팬이 정말 유통기한을 넘겼는지 아닌지는 확인을 해보지는 않았지만 새로 구입한 지 얼마 되지 않은 후라이팬도 내다버리는 것 같았다. 그래서 내가 말하기를,

"여보 그것은 얼마 전에 백화점에서 사은품으로 받았다고 자랑했던 것 같은데 왜 벌써 버리려고 하는가?" 하고 물었다.

그러자 아내가 '유통기한이 벌써 한 달 정도 자났기에 버려야 한다.'고 했다.

또 내가,

"아니 몇 번 사용하지도 않았는데 유통기한이 지났다니 말이 되는가? 그런 공산품은 유통기한이 판매하는 기한을 말하는 것 아닌가? 사용기한은 아닌 것 같은데…."

했지만 아내는 들은 척도 하지 않고 단지, '오래 되어서 기한이 다 된 것을 사은품이라고 주다니. 나쁜 놈들. 코팅이 벗겨지면 못 쓴다고 했지.' 라고 혼자 중얼거리며 조리 기구를 살펴보기만 했다.

나는 은근히 화가 났다. 그래서,

"공산품을 유통되는 과정에 변질 되도록 만들면 어떻게 하는가? 사용했을 때 사용 기한은 있을 수 있지만 몇 십 년이나 몇 백 년이 지난 것도 아니고 기껏 몇 달이 지났을 뿐인데 못쓴다니 말이 되는가? 쇠로 만든 후라이팬이라면 쇠가 기본이고 나머지는 덧붙인 것인데 덧붙인 것에 문제가 있다면 그것만 교체하거나 수리하면 되는 것이 아니겠는가? 나무로 만든 의자도 고장이 나면 부품을 갈아끼워서 고쳐 쓰지 않는가?"

하면서 시비를 했다. 뿐만 아니라 '코팅 부분이 문제라면 그 부분만 교체하거나 아니면 잘못된 부분만 제거하고 몸통은 재활용할 수도 있지 않는가? 사람도 몸의 일부가 고장 나거나 잘못 되면 그 부분을 절제하거나 떼어버리는 수는 있어도 부분이 잘못 되었다고 전체를 폐기처분하지는 않는 것 아닌가?

이렇게 본말이 전도 되고 잘못된 제품이 어디 있으며, 이렇게 모순된 사고를 가지고도 당연한 것으로 받아들이게 된 현실은 무엇 때문인가? 또 세상은 계속 엔트로피가 증가하는 방향으로 나아가는데 우리나라에서는 제품을 왜 이 따위로 만드는가?' 등등 불만이 가득 찬 볼멘소리를 하다가 이렇게 유통기한이니 사용기한이니 하는 말들이 괜스레 정년퇴직을 한 나와 같은 존재에 대해서 하는 말 같기도 해서 더욱 짜증이 났다.

현대는 우리나라뿐만 아니라 대부분의 선진국에서도 에너지의 유한성은 물론 환경문제의 심각성을 인식하고 이런 문제를 해결하고자 쓰레기를 분리하는 것은 물론 재활용하려고 한다. 뿐만 아니라 현대는 대부분의 선진국에서 저 출산과 인구 감소로 노동력의 감소는 물론 고령인구의 증가로 인한 사회문제에 직면해 있다. 이러한 시대적 상황으로 미루어 볼 때 후라이팬뿐만 아니라 모든 자원의 절약과 재활용 등은 말할 필요도 없지만 인간에 대한 재활용과 정년 문제에 대해서도 깊은 성찰이 필요하지 않을까 한다.

사람은 개인의 관리에 따라 건강 상태가 다를 수 있고 또 일에 대한 열정과 의지도 다를 수 있다. 그러나 현실은 단지 객관적인 나이에 따라 정년이란 이름으로 일률적으로 후라이팬처럼 폐기처분한다. 아직도 건강하고 얼마든지 일을 더할 수도 있을 것 같은데 단순히 연식이 어느 정도 오래 되었다고 무조건 폐기처분하는 것이 과연 올바른 처리 방법이겠는가? 생체 나이와 건강의 나이는 다르지 않겠는가?

또 무쇠 솥은 몇 십 년을 사용해도 괜찮고 오히려 오래 될수록 전통이 느껴지고 길이 들어서 좋다고 하지 않던가? 뿐만 아니라 다른 공산품들도 과학기술의 발달에 따라 겉모습은 물론 실질적인 사용기한이 늘어나기도 하고 또 부품만 교체하면 얼마든지 더 오래 사용할 수 있는 그런 제품을 만들기도 한다.

이처럼 공산품도 이러한데 하물며 사람이겠는가? 특히 요즘은 결혼 연령이 높아지고 저 출산으로 인한 노령인구가 급속도로 늘어나면서 생산에 종사해야할 젊은이들이 턱없이 부족한 현실이 되었다. 그럼에도 불구하고 옛날에 제정된 정년제도만을 전가의 보도인 줄 알고 무작정 나이만 되면 퇴직을 시키는 것이 변화하는 세상과 인구의 구조 변화에 대응하는 적절한 방법이겠는가?

물론 나이가 들어도 계속해서 자신의 희망대로 무조건 그 자리에서 그 일을 계속하자는 것은 아니다. 다만 인구 구조와 변화하는 사회 현실에 맞게 정년 제도를 손봐야 한다는 것이다. 아니 정년 제도를 손보기 힘들면 그 제도는 그대로 유지하되 정년이 된 사람들의 재활용을 통해 우리가 현실에서 당면한 저 출산과 급속한 노령화 등 사회문제의 해결에 단초를 찾아보자는 것이다.

그러므로 쓸 만한 물품을 폐기처분해서 공해를 발생시키고 과소비를 불러일으키는 악순환의 고리를 끊고 건전한 소비와 살기 좋은 생활환경을 만들기 위해서는 분리수거와 재활용이 필요하듯이 사람들도 정년을 통해 단순하게 폐기처분하려고만 하지 말고 재활용을 통해 저 출산과 고령화로 인한 우리 사회의 당면한 문제를 해결하도록 노력해야 한다는 것이다.

나는 분리수거해서 폐기처분의 위기에 처한 후라이팬을 금방 가져다 버릴 수가 없어서 뒷 베란다 한 구석에 아내 몰래 세워놓고 분리수거하는 날 폐기물들을 버리러 나갈 때마다 바라본다. 그 때마다 후라이팬이 '어이 친구 반갑구만' 하며 아는 척하는 것 같아서 깜짝 놀란다. 마음속으로는 '에끼! 나는 아직 너 정도는 아니야' 하면서 얼른 자리를 피해본다. 그러면서도 여전히 나의 처지와 다를 바 없는 그에게 동병상련의 정을 느끼는 것은 어쩔 수가 없다. 하루 빨리 후라이팬에게도 재활용의 기회가 오기를 기대해 본다.

(2017년)

블라인더 전형

최근 우리나라의 '문재인 정부'는 적폐청산과 일자리 창출을 최대 목표로 삼고 그 목표의 달성을 위한 하나의 실천 과제로서 '청년 일자리' 창출을 화두로 삼고 있는 것 같다. 그래서 내놓은 여러 가지 방안 중의 하나로 사업주가 인재를 선발할 때는 블라인더 전형을 실시하도록 해야 한다는 것이다.

물론 이것은 우리나라의 고질적인 문제인 '학연' '지연' '혈연'으로 엉킨 인간관계와 인재 선발의 문제점을 해결하고자 선택하게 된 고육지책의 하나로 보인다.

그러나 이 방법은 사회문제에 대해 아마추어인 나의 눈으로 보아도 청년 일자리와는 별반 관계가 없는 '격화소양隔靴搔癢'의 엉뚱한 대책이라는 생각이 든다. 청년 일자리의 문제를 해결하는데 일자리 자체가 늘어나지 않는다면 중앙 거주의 젊은이 대신 지방 거주의 젊은이가 채용되거나 학연 지연 혈연이 없는 젊은이를 뽑는다고 해서 청년 일자리 문제가 해결되는 것은 아니기 때문이다. 그러므로 이 방법은 상대적인 역차별로 인식되거나 풍선효과를 가져올 뿐 별다른 성과를 기대하기 어렵다는 생각이 든다. 뿐만 아니라 이런 대책을 보면서 조선시대 조광조가 세상을 바꾸겠다고 내세웠던 '현량과'란 과거제도가 생각나는 것은 나만의 지나친 기우일까?

조광조가 현량과를 실시하고자 한 것은 기존의 과거제도가 부패하여 사장 중심으로 흘러갔고 또 음서제도를 통해 훈구 대신들의 무능한 자제들을 등용시키기 위한 등용문으로 전락했기 때문이다. 그래서 현량과는 기존 과거제도로 인해 쌓이게 된 적폐를 청산하고 지방의 능력 있고 도덕적으로 신망이 있는 인재를 등용하여 조광조가 이상적으로 생각했던 왕도정치를 실현하겠다는 참으로 고상하고도 참신한 사고에서 출발한 제도였다고 하겠다.

이처럼 현량과는 현실적 타당성과 사회적 요청에 따라 이상적 제도로 평가 받았다. 그러나 얼마 가지 않아서 현량과 실시의 저의를 의심한 반대파의 비판과 현량과 자체의 문제점으로 인하여 결국 제대로 실시되지도 못하고 중도에서 그만 좌절 되고 말았다.

그 이유는 보는 관점에 따라 또 말하는 입장에 따라 서로 다르거나 차이가 있을 수 있다. 그러나 대체적으로는 시대적 상황과 현실을 무시하고 이상적 개혁만 강조했고 또 그것을 실현할 주체세력의 학문적 완성과 내공이 부족했으며, 뿐만 아니라 과거제도가 사장을 너무 중시했던데 비해 현량과는 경학만을 너무 중시해서 둘 다 극단에 치우치는 등 여러 측면에서 타당하지 않은 문제점이 노정되었기 때문에 실패한 것이라 말하고 있다.

이것은 오늘의 '불라인더전형'에도 시사示唆하는 바가 많다고 하겠다. 즉, '학연'은 지금까지 그 사람의 능력이 만들어지는 과정을 보여주는 것이기 때문에 어느 정도 그 사람의 종합적 능력을 평가할 수 있는 좋은 근거가 될 수도 있다. 그리고 혈연은 바로 집안의 내력과 가정교육 등 인간 됨됨이를 형성하는 바탕이 되기 때문에 인간의 도덕적 인품을 가늠할 수 있는 하나의 지표가 될 수도 있다. 그리고 지연도 지리적 환경과 자연 조건이 인간의 기질과 성품을 형성하는데 상당한 영향을 미친다고 할 수 있기 때문에 어떤 지리적 환경 조건에서 성장했는가는 대상의 인성을 평가하는데 참고사항 정도는 될 수도 있다.

그러나 인재를 등용하고 선발하는데 인재의 실재적인 능력보다 이러한 혈연과 지연과 학연만 중심이 된다면 본말이 전도된 선발방식이라 지탄 받고 개선되어야 하는 것은 당연하다 할 것이다. 그러므로 '불라인더전형'을 권장하는 사회적 환경이 되었다는 것은 지금의 현실이 전형자의 현재 능력보다 학연과 지연과 혈연이 너무 크게 작용해서 '금수저'니 '흙수저'니 하는 말이 사회적 유행어가 되고 또 사회적 문제가 되었기 때문에 나올 수밖에 없는 수단이자 방법이었다고 할 수도 있다.

그러나 이런 비아양적 용어들은 매스미디어 시대에 전달 매체의 영향으로 잠시 유행어가 된 것에 불과할 뿐, 그것이 사회 전체의 어떤 문제적 상황이 되었다고 보는 것은 아전인수격我田引水格인 판단이라 할 수도 있다. 뿐만 아니라 인품을 종합적으로 고려하지 않고 오로지 능력만을 중시하는 것은 난세에나 있을 수 있는 임시방편의 인재등용 방법일 뿐이다.

그러므로 이러한 시대의 유행과 대중의 인기에 영합하여 인재 선발의 방법을 정부가 강제하거나 획일화하는 것은 국가의 미래나 전형자 자신의 미래를 위해서도 바람직하지 않다고 하겠다. 뿐만 아니라 지금이 난세가 아닐진대 고양이에게 생선가게를 맡길 수 있겠으며 빈대 몇 마리 잡자고 초가삼간을 태울 수 있겠는가? 사회 분위기를 능력 중심 사회로 이끌도록 하는 것은 좋은 일이고 옳은 방향이지만 '혈연, 지연, 학연' 등 모든 것을 감추고 '깜깜이식'으로 하는 전형만이 정말 바람직하고 긍정적이며 능력도 있고 또 그 직장에서 필요로 하는 그런 인재를 선발할 수 있는 최선의 방법인가 하는 것은 다시 한 번 생각해볼 문제라 하겠다.

그리고 그 수단이 근본적으로 모든 문제를 해결할 수 있는 해법이 아니라 단지 현실의 문제를 회피하기 위해서 임시방편으로 급조되었거나, 한쪽으로 치우쳤거나, 극단적인 처방으로 선택이었거나, 또는 인기 영합을 위한 수단으로 채택되었다면 '블라인더전형'도 저 조선시대의 '현량과'처럼 의도와 취지도 좋고 이상적인 방법이기는 하지만 결국 현실을 무시한 일방적인 방법이란 평가와 함께 마침내 실패하고 말 것이란 생각이 든다.

이런 점에서 '블라인더전형'의 의도는 동의하지만 극단적인 방법은 다른 극단과 대척점에 서 있기 때문에 결국 상대적 역차별 등 그와 상대적인 문제점을 항상 내포하고 있다 할 것이다. 이에 따라 '불라인더전형' 방법은 현실의 문제를 종합적이고 근원적으로 해결하고 진정으로 능력 있는 인재를 적재적소에 선발할 수 있는 최선의 방법이라 하기에는 부족하다고 하겠다.

그러므로 달도 차면 기울고 기울면 다시 차듯이 인생도 성盛할 때가 있으면 이울 때도 있으니 인재 선발도 어느 한 쪽만 보지 말고 종합적으로 보는 것은 물론 중용의 도를 따르는 것이 필요하지 않을까 한다. 그리고 인재 선발의 구체적인 방법은 선발자의 필요에 따라 기존의 방법과 '블라인더전형' 방식을 적절히 적용하여 자율적으로 선발할 수 있는 재량권을 부여하는 것이 더욱 필요하지 않을까 하고 감히 사족을 달아 본다. (2017년)

설날의 추억

시간이란 것은 가는 것도 오는 것도 아니며 있는 것도 없는 것도 아닌 추상적이고 관념적인 개념이라 할 수 있다. 여기에 인간들이 편의상 해와 달과 지구의 움직임에 따라 시간을 분절적 마디로 일 년, 한 달, 하루 등으로 나누고 의미를 부여한 것에 불과하다 할 것이다.

또 인간들은 지루하게 반복되는 일상에 변화를 주고 삶에 악센트를 주고자 이렇게 나누어진 시간의 마디마다 의미를 부여하고자 했다. 그래서 일 년을 다시 사계절로 나누기도 하고 24절후로 나누기도 했으며 또 그런 날 중에 어떤 날을 골라서 명절로 정하고 거기에 특별한 의미를 부여한 뒤 조상의 음덕을 기리며 단조로운 삶에 악센트를 주고자 했다. 그 중에서도 '설 명절'은 우리에게 가장 큰 악센트가 된 특별한 마디가 아니었던가한다.

그러나 사회가 핵가족화 되고 개인주의가 득세하며 독거노인이 늘어나는 오늘날에 와서는 명절은 생활의 악센트가 되기보다는 오히려 외로움과 괴로움을 더하고 상대적인 박탈감으로 삶의 의지를 훼손하는 경우가 더 많아지게 된 것 같다.

옛날에는 1년의 시작인 설날은 우리 속담에 '시작이 반이다'는 말과 같이 시작이 좋아야 끝까지 좋다는 믿음 때문에 특별히 중시되었다. 그래서 설 전날인 섣달그믐부터 설날을 향한 행사를 행하며 설날에 대한 특별한 의미를 부여하고자 했다.

음력으로 한 해의 마지막 날. 섣달그믐은 세밑, 눈썹 세는 날, 제석除夕, 제야除夜, 제일除日, 세제歲除, 세진歲盡으로도 부른다. 이렇게 이름이 많은 만큼 그 행사도 다양했다.

내 어린 시절 고향 집에서는 섣달그믐이 되면 집안 곳곳에 밤이 새도록 불을 켜두면 광명이 비쳐서 복이 들어오고 잡귀를 쫓는다 하여 집 뒤란은 물론 화장실까지 모두 밤새워 불을 밝혔다. 물론 이런 행위의 결과는 어떻게 되었는지 모르지만 그 당시 마당 귀퉁이에 떨어져 있는 화장실을 갈 때마다 밤이 되면 무서웠는데 이날만은 불이 켜져 있어서 좋았었다. 그리고 야광귀가 인간의 신발을 신어보면 재액을 당한다고 하여 신발을 감추었다. 또 눈이 네 개인 야광귀를 속이기 위해 야광귀보다 눈이 많은 채를 방문에 걸어두기도 했다.

그리고 섣달그믐은 새벽에 첫 닭이 울 때까지 잠을 자면 눈썹이 센다고 하여 잠을 자지 못하게 했다. 그러나 나는 한 번도 그 때까지 잠을 참지는 못했다. 그래도 이날 밤은 일 년에 몇 번밖에 보지 못했던 숙부님과 일찍 집을 나가 독립한 형님이 찾아와서 함께 이런 저런 이야기 나누는 것을 들으며 나도 마음속으로 일 년의 계획을 세우고 다짐을 하면서 (물론 한 번도 다 실천한 적은 없지만) 시간을 보냈던 기억이 새롭다. 특히 설날에 입을 설빔을 품에 안고 설날을 기다리던 추억은 지금도 향기롭다.

아침이 되면 놀라서 일어나 먼저 거울부터 보며 눈썹을 점검하였지만 눈썹이 세지 않은 것을 다행으로 여기며 새로 사준 설빔을 입고 자랑스럽게 할아버지 댁으로 아버지와 형을 따라 차례를 지내러 갔던 일도 새롭다.

그리고 설이라는 말의 유래는 元旦, 歲首, 正朝, 愼日 등으로 불리는 만큼 그 유래가 정확하게 밝혀져 있지는 않고 여러 가지 이설이 있지만, 새 해의 첫날에 일 년 동안 아무 탈 없이 지내게 해 달라는 바람에서 연유했다는 견해가 힘을 얻고 있는 것 같다. 그래서 설날은 대체로 愼日로 불리고 있다. 그 때문인지 설날이 되면 사람들은 모두 말을 조심하고 덕담을 하며 새로운 시작을 신중하게 하려고 애를 쓴다.

어린 우리들은 집안의 차례와 집안어른들께 드리는 세배가 끝난 오후에는 그냥 설빔 입는 것이 좋아서 서로 자랑하며 친구들과 어울려 동네 어른들께 세배를 하러 다녔다. 세배를 가면 할머니들께서는 맛있는 강적과 떡도 주시지만 우리가 귀엽다고 술을 한 잔씩 주기도 하셨는데 나는 그 때 멋모르고 할머니들이 주시는 술을 그냥 다 받아 마셨다가 술이 취해서 동네 개울에 넘어져 설빔이 찢어져서 크게 혼난 추억도 더욱 정답게 느껴진다.

아무튼 이때는 가진 것도 먹을 것도 즐길 것도 크게 없었지만 설날이 되면 그래도 멀리 떨어져 있던 친척과 형제들이 함께 모여 부모 형제 친지간에 정을 나누고 조상의 음덕을 기리며 또 지난 한 해를 반성하고 새로운 한해의 시작을 의미 있게 시작하려고 노력했다. 뿐만 아니라 나이가 어려서 특별한 의미나 의식은 없었지만 그냥 시끌벅적하게 떠들고 노는 것만으로도 서로의 정이 무르익어서 명절이 마냥 즐겁고 행복하기만 했었다.

그러나 오늘날은 평소에도 옛날의 왕들보다 더 좋은 옷을 입고 왕들이 먹어보지도 못했을 여러 가지 맛있는 음식을 먹는다. 특히 명절이 되면 화려한 옷은 물론 맛있는 음식이 넘쳐나지만 옛날의 그 따스했던 명절의 의미와 행복을 느끼기에는 무엇인가 아쉬움이 너무 많은 것 같다.

국가에서는 의미 있는 명절을 위해 공휴일을 연장하고 고속도로의 통행료를 면제하는 등 적극적으로 전통적인 가족과 지역 공동체의 아름다운 풍속과 인간관계를 회복하려고 애를 쓴다.

그러나 사람들은 그런 기회를 오히려 자기들만의 휴식과 즐거움의 시간으로 이용하려고만 하기 때문에 해외로 나가는 공항은 그 어느 때보다 붐비고 외화가 낭비될 뿐 고향을 지키는 독거노인이나 부모님들은 오히려 쓸쓸하고 고통스러운 날이 되고 말았다. 내 스스로도 현대의 개인주의적이고 이기적인 세태에 물이 들었는지 명절이 되면 즐겁기보다는 부담되고 힘들고 괴롭다는 생각부터 먼저 하게 된다. 그러니 내 자손들이야 오죽하겠는가 생각해보면 이해가 안 되는 것도 아니다.

그러나 인간이 왜 살며 사는 것이 무엇이며 또 어떻게 살아야 살맛이 나는 삶인가를 생각해보면 오늘날의 명절 나기는 아무래도 무엇인가 잘못되기는 크게 잘못되었다는 생각이 든다.

우리는 시작이 반이라 했다. 또 시작이 좋아야 끝도 좋다고 했다. 일 년의 시작은 정월 초하루이고 하루의 시작은 아침이다. 며칠 있으면 설날이다. 나 스스로도 올해부터는 愼日이란 설 본래의 의미를 되새기며 조상의 음덕을 기리고 혈육의 정을 나누며 소외된 이웃도 생각하는 좀 더 의미 있고 신중한 설날을 맞이하고 보내야겠다고 다짐해 본다. (2018년)

늙은 호박

세상에는 본질보다 외모나 이름 때문에 어려움을 겪거나 그 본질을 제대로 평가받지 못하는 경우가 많다. 그래서 요즘은 부모가 지어준 이름도 마음에 들지 않거나 놀림 등의 문제가 있을 경우에는 옛날과 달리 쉽게 바꿀 수가 있게 되었다.

그러나 인간과는 달리 동식물에 붙여진 이름은 본의 아니게 동식물들을 슬프게 하지만 크게 관심을 갖는 경우는 드물다. 그 대표적인 것이 '며느리밑씻개꽃' '개불알꽃' '할미꽃' '늙은 호박' 등등이 있다.

이런 것은 외모를 중시하는 우리나라 사람들의 잘못된 의식과 이유 없이 약한 자를 무시하거나 천시하는 자기우월의식이 덧씌워져서 잘못 붙여진 이름이 아닐까 한다.

이들 중 호박에 대해서만 좀 더 구체적으로 살펴보기로 하자. 호박의 종류는 국수호박, 땅콩호박, 미니호박, 돼지호박 등 15가지나 되지만 우리나라에서 식용으로 사용되는 호박의 이름은 대체로 어릴 때는 '애호박' 평소에는 '호박' 익어서 추수할 때는 '늙은 호박'이라 부르고 있다.

호박은 원래 박과에 속하는 식물로 처음에는 오랑캐 지방에서 들어왔다는 뜻에서 오랑캐 胡자를 써서 호박이라 했으나 그 후에는 대체로 박보다 맛이 좋다는 뜻의 좋을 好자를 사용하는 호박이라 인식했던 것 같다. 그러나 어떤 경로를 거쳤는지는 모르지만 어느 순간부터 수박에 비해 못생겼다는 뜻의 이름으로 변질 되더니 다 익어서 맛이 들 때가 되면 억울하게도 '늙은 호박'이라 하여 구박을 당하게 되었다.

호박의 효능을 보면, 비타민 A와 칼륨이 풍부한 호박의 과육은 활성산소를 제거하는 베타카로틴이 많이 함양되어 있어서 피부미용과 부기완화에 도움이 된다. 또 호박의 노란빛을 내는 서어분은 자외선을 차단해 주름. 검버섯. 기미 등이 생기는 피부 노화를 억제한다. 또 면역력을 높여 심근경색, 동맥경화, 당뇨병 등 성인병. 피부암. 폐암 등을 예방한다. 특히 과육은 소화가 잘 되어서 위장 약한 사람. 회복중의 환자. 노인 등이 먹기에 좋다.

호박의 껍질은 아연이 풍부하여 피부와 손톱을 건강하게 하고 막힌 기를 뚫어주며 체온을 일정하게 유지시켜주기 때문에 말려서 차를 끓여먹어도 좋다. 호박씨는 필수 아미노산과 비타민 E가 풍부하여 두뇌 발달과 혈액순환에 도움을 준다.

이처럼 호박은 여러 가지 영양이 풍부하기 때문에 어릴 때는 애호박이라 하여 나물이나 된장찌개에 단골메뉴로 들어가서 우리의 입맛을 돋구어주고 익어서는 과육은 물론 껍질과 씨까지도 인간의 건강에 큰 도움을 준다.

이러한데도 불구하고 익으면 그 표면에 주름이 생겼다는 이유만으로 모든 사람들이 싫어하고 천시하는 '늙은'이란 접두사를 붙여 괜스레 평가절하 하는 것은 아무래도 좀 억울한 것 같다.

그리고 모든 생물의 열매는 어릴 때와 한창일 때 그리고 익어서 본래의 제 구실을 할 때는 그 모양이나 색깔 등이 변하는 것이 일반적인 현상이다. 그러므로 익기 전에는 그 생김새와 빛깔로서 사랑받는 것이 그들의 분수이고 익어서는 외형보다 그 열매가 지닌 효능과 기능으로서 평가받는 것이 그들에 대한 정당한 평가법이 될 것이다.

그런데 호박은 근본적으로 꽃도 다른 꽃보다 못하지 않고 애호박의 생김새도 다른 채소의 열매보다 못생기지 않았다. 익은 모습도 그냥 세월의 연륜이 느껴지기는 하지만 오히려 그 연륜에서 풍기는 멋과 아름다움도 적지 않다. 이런 점에서 호박은 단지 익었을 뿐 못생기거나 늙지도 않았다 할 것이다

이러한데도 근본과 본질을 제대로 알지도 못하면서 선입견으로 겉모습만 보고 대상을 함부로 평가하는 것은 천박한 자기오류라 할 것이다. 그리고 무심코 던진 돌에 연못속의 개구리는 생사가 걸린 문제가 되기도 하는 것처럼 이유도 없이 호박에게 억울한 이름을 붙이는 것은 호박에게 너무 잔인한 일이 아닐까 한다. 그리고 '뚝배기보다 장맛'이라 했다. 호박은 익을수록 외형은 주름이 졌지

만 그 맛과 효능과 기능은 다른 어떤 채소나 과일에 못지않게 많은 장점을 지니고 있다. 이런 점에서 호박을 이렇게 무시하거나 폄하하는 것은 상당히 부당하고 잘못된 것이 아닐까 한다.

그러므로 이렇게 천박한 오류를 벗어나기 위해서라도 우리는 '늙은 호박'이란 억울한 이름을 버리고 특별히 예찬하는 이름은 아닐지라도 그 열매의 보편적인 속성을 보여주는 '애호박' '好박' '익은 好박'이라는 정도의 이름으로라도 불러주는 것이 마땅하지 않을까 한다.

이것은 우리의 일상적인 삶에서도 마찬가지일 것이다. 사람은 살다보면 잘할 때도 있고 잘못할 때도 있으며 장점도 있고 단점도 있다. 그런데 항상 잘못한 점과 단점만을 콕 찍어서 상대를 불편하게 한다면 그러한 인간관계는 끝까지 좋게 유지되기는 어려울 것이다.

칭찬은 고래도 춤추게 한다고 했다. '같은 값이면 다홍치마'라고 잘한 점과 장점이 있는데도 불구하고 없는 단점까지 만들어서 비난하는 것은 못된 심사이거나 꼬인 심성 탓은 아닌지 우리 스스로 반성해 볼 일이다. 이런 점에서 나도 지금까지 상대를 대할 때 그 대상의 본질과 근본은 잘 알지도 못하면서 단지 겉모습만 보고 인상적이고 즉흥적으로 상대를 평가하거나 폄하하는 잘못을 저지르지는 않았는지 스스로 경계하고 반성해본다. (2017년)

신공방전新孔方傳

돈은 원래 인간 삶의 수단에 불과한 존재다. 그러나 현대는 '유전무죄 무전유죄'이고 '돈이 많으면 알밴 종도 살 수 있고 귀신도 감동 한다'고 하여 돈은 삶의 수단을 넘어 삶의 목적이자 삶의 전부가 된 지 벌써 오래 되었다. 그러므로 모든 사람들은 삶 자체를 위해서 또 삶의 성공을 위해서 그리고 삶의 행복을 위해서 항상 돈을 추구하고 돈을 따르게 되었다.

뿐만 아니라 인간은 욕망의 그릇이기 때문에 돈은 어느 정도의 적당한 한계가 없다. 더 이상 가질 수 없을 때까지 멈추거나 만족할 줄을 모른다. 그래서 더 많은 돈을 갖기 위해서 대부분의 사람들은 부정한 방법은 물론 수단과 방법을 가리지 않기도 한다.

그러나 돈이 어느 정도의 한계를 넘어서면 대부분의 사람들은 과유불급(過猶不及)이란 말처럼 돈에 대한 처음의 목적과는 달리

향락과 쾌락만을 추구하다가 결국 타락하여 마침내 자신의 삶을 나락의 구렁텅이로 떨어지게 만드는 경우가 많다.

이처럼 돈은 벌기도 어렵지만 벌게 되더라도 그 방법이 부정적이거나 쓰는 방법이 부정적일 때는 돈 때문에 인간은 오히려 재앙을 받거나 돈 때문에 패가망신 하는 경우가 비일비재하다. 뿐만 아니라 삶의 행복지수도 세계적으로 보면 선진국이나 부유한 나라보다 세계 최빈국에 속하는 나라에서 더 높게 나온다는 사실은 참으로 아이러니한 일이 아닐 수 없다.

이런 점에서 보면 인간은 행복하고 성공하기 위해서 돈을 벌지만 결국 돈만으로는 인간을 행복하게 하거나 성공하게 만들지는 못한다는 것을 알 수 있다. 그래서 돈은 너무 부족해도 문제가 되지만 너무 많아도 문제가 되기 때문에 옛날부터 지금까지 시대를 넘어 항상 경계와 배척의 대상이 되기도 했다.

고려시대 임춘은 공방전에서 "공방(돈)은 성질이 탐욕스럽고 더러워, 돈을 중하게 여기고 인물을 대함에도 어질고 불초함을 묻지 않고 재물만 많이 가진 자면 가까이 사귀었다."고 비난했고 또 "신하가 되어 두 마음을 품고 이익을 좇는 자를 어찌 충신이라 이를 것인가. 공방이 때를 만나고 주인을 만나 적지 않은 사랑을 받았으니, 응당 이익을 일으키고 해가 됨을 덜어 그 은덕에 보답해야 할 것이거늘, 권세를 도맡아 부리고 사사로운 당黨) 만들었으니, 충신은 경외境外의 사귐이 없다는 것에 어그러진 자이다."라고 비난했다. 그래서 돈은 여러 가지 장점이 있음에도 불구하고 마침내 자신을 망치고 그 명예를 더럽히게 한다고 하면서 폐기해야 할 대상이라고까지 혹평했다.

물론 현대에 와서는 돈의 기능이 이와 다른 점이 없지는 않다. 그러나 현대에도 뇌물과 청탁 등 돈 문제로 낙마하거나 구속된 대통령이나 고위 공직자 그리고 평생 스스로 다 세어보지도 못할 만큼 많은 돈을 가진 재벌조차도 더 많은 돈을 갖겠다고 부정한 방법을 동원하다가 결국 영어의 몸이 된 사례 등을 보면 돈으로 인한 문제와 폐단은 예나 지금이나 마찬가지인 것 같다.

그렇다고 현대인의 삶의 수단이자 삶의 윤활유와 같은 돈을 없앨 수는 없을 것이다. 다만 그 사용에 있어서 선인들의 경계를 거울삼아 돈이 만들어지던 때의 근본적인 이유를 기억하고 돈의 여러 가지 장점과 순 기능을 살린다면 우리의 삶을 지금보다는 더 윤택하게 할 수는 있을 것으로 보인다.

우리나라 최초의 화폐는 고려 성종 15년(996년)에 처음으로 발행돼 997년에 유통된 건원중보다. 이것은 철전鐵錢과 동전銅錢의 두 종류가 있는데 외형은 둥글고 가운데는 네모난 구멍이 있었다. 이처럼 우리나라의 최초 화폐에 해당하는 엽전은 둥근 모양에 중앙을 모나게 뚫은 것으로서 탄생부터 둥근 하늘과 땅을 상형하여 우리의 우주관을 담았다. 뿐만 아니라 둥근 돈의 모양처럼 돈은 둥글둥글 잘 굴러다니며 고루고루 잘 나누어 쓰라는 뜻이 담겨 있다고 하겠다.

그리고 화폐의 단위에 '환'이란 단위가 처음 사용된 것은 1883년이다. 또 환은 '고르게 잘 통한다.'는 뜻으로 중국의 오래된 화폐제작 법규에서 유래한 단어다. 현재 우리가 사용하고 있는 화폐단위

'원'은 1962년 정부가 경제개발 5개년 계획을 위해 긴급통화조치를 단행하면서 처음 사용됐다.

이러한 과정을 거쳐 우리나라에서도 화폐 단위를 특별히 圜(환)이나 圓(원)이라 한 것은 화폐의 단위에서조차 처음부터 굴러다니며 두루두루 나누어 쓰고 다 함께 쓰자는 의미를 담았다고 하겠다. 이것은 우리뿐만 아니라 침략과 약탈을 일삼는 서구의 제국주의적 몇몇 나라를 제외하고는 이태리의 '리라' 일본의 '엔' 중국의 '위안' 등등도 모두 우리와 같이 둥글다는 뜻을 지닌 화폐 단위를 사용하고 있다.

이런 점에서 보면 돈이 처음 만들어졌을 당시의 신념과 정신은 결국 둥글게 굴러다니며 고루고루 나누어서 다 함께 사용하자는 뜻이었던 것 같다. 그러므로 오늘날도 그 정신을 잊지 않고 실현할 수만 있다면 돈은 정말 우리의 삶을 살찌우고 우리의 삶을 윤택하게 하며 우리 모두의 삶을 두루두루 행복으로 이끄는 수단이 될 수도 있지 않을까 한다.

그러나 현실은 돈이 굴러다니지 못하고 한 곳이나 몇몇 곳에 특별히 많이 고여 있거나 쌓여 있다. 과유불급이란 말처럼 한 곳에 너무 많이 쌓여 있거나 고여 있으면 물이 썩듯이 돈도 부패하여 악취를 풍기며 그 주위를 더럽게 오염시키기 마련이다. 그래서 현대는 부의 편중에 따라 빈익빈 부익부가 사회문제로 대두되고 빈부격차에 따른 계층 간의 갈등이 중대한 사회문제로 등장하고 있는 실정이다.

그러므로 진정으로 행복하고 안심입명하기 위해서는 또 배금주의와 금전만능과 인간소외를 벗어나기 위해서는 선인들이 경계한 말들을 거울삼아 돈을 위해 돈을 위한 삶보다는 돈의 원래 목적대로 돈을 하나의 수단으로만 생각하고 둥근 돈의 모습처럼 두루두루 나누어 쓸 수 있도록 노력한다면 우리의 삶도 돈의 노예가 되지 않고 진정한 행복으로 나아가는 첩경이 되지 않을까 하고 新孔方傳은 말해본다. (2017년)

과유불급過猶不及

과유불급이란 말을 모르는 사람은 거의 없을 것이다. 그래서 타인의 잘못이나 안타까운 상황을 비판하거나 위로할 때 흔히 사용하고 있다. 그러나 그 말의 뜻을 아는 만큼 현실의 삶 속에서 자기 자신의 바람직한 생활을 위한 삶의 지혜로서 사용하고 실천하는 사람은 그리 많지는 않은 것 같다.

나도 얼마 전에 이사를 한 뒤 변화된 상황에 적응하기 위해 또 이전에 살았던 곳과 가까운 곳이기에 약수터에 가면 아는 사람들을 만날 수도 있겠다는 생각에 무리하게 등산을 한 적이 있다.

이전에 살던 곳은 바닷가였기에 거의 매일 오후가 되면 1.5--2시간 정도 바닷가 갈맷길을 따라 산책하고 길 중간에 마련되어 있는 운동시설에서 근력운동을 하는 것으로 하루의 건강운동을 마무리하곤 했다. 그러다가 이사를 와보니 바다는 저 멀리 조그맣게 보일 뿐이고 그 대신 바로 옆, 길 하나를 건너면 여러 개의 산이 연결된 산이 있었다. 그래서 주변의 지리도 익힐 겸 해서 이사 온 다음 날부터 집 주위는 물론 근처의 산을 올라가기 시작했다.

매일 부민산 기슭에서 시작하여 대티고개를 지나고 시약산 기슭을 올라 꽃마을을 넘고 다시 석탑 약수터와 옥천 약수터를 지나 구봉산 봉수대 아래의 약수터까지 왕복을 하거나 아니면 석탑약수터에서 동아대학 병원 쪽으로 내려와 집으로 돌아오는 식으로 하루에 3-4시간 이상의 산행을 했다. 뿐만 아니라 내려오는 길에는 오랜만에 만난 지인들과 막걸리도 한 잔씩 기우렸다. 또 갑작스러운 일로 인하여 아들이 오후에 맡겨온 정력적인 손녀와 매일 두세 시간씩 어린이 놀이터에서 손녀의 뒤를 따라 다니며 손녀를 돌보기도 했다.

이러한 생활이 나에게는 즐거운 일이였기에 크게 무리했다고 생각하지는 않았다. 그런데 며칠 전부터 갑자기 목이 잠겨서 말을 할 수 없게 되고 발바닥이 아파서 걸음을 걷기 힘들게 되었다. 그래서 병원에 갔더니 이비인후과에서는 목감기와 몸살이 겹쳤다고 처방을 했고 정형외과에서는 '족저근막염'이라 처방했다.

내 나이와 분수를 알고 적당하게 행동했다면 이런 일이 없었을 터인데 후회해도 이미 때가 늦었다. 평소에는 바닷가 평지에서 하루에 한 두 시간 하던 운동이었는데 이사 후에는 등산을 하며 그 시간을 두 배 가까이 늘였고 거기다가 이사한다고 지친 몸이 회복되기도 전에 매일 술을 마시고 또 손녀까지 돌보아야 했으니 몸에 무리가 가는 것은 당연한 일이 아니겠는가? 뿐만 아니라 의사의 진단을 받았으면 제대로 치료를 했어야 하거늘 그까짓 발바닥 좀 아픈 것이 무슨 대수인가 하는 생각에 치료는커녕 계속 무리하게 등산을 하다가 이제는 정말 몸져누울 지경에 이르게 되고 말았다.

이런 현상은 나 개인만의 일이거나 건강만의 일은 아닐 것이다. 예뻐지려고 성형하다가 중독되어 오히려 못난이가 되고, 몸을 보하려고 자주 먹은 보약이 간을 해쳐 중병을 얻게 되고, 경기 회복을 위한 정책들이 투기를 조장하기도 했던 것 등의 일도 마찬가지라 할 수 있을 것이다.

이처럼 좋은 일이든 나쁜 일이든 우리 삶의 모든 일들이 그 정도가 지나치면 결국 처음의 의도와는 달리 처음보다 더 좋지 않은 결과를 가져온다는 것을 알 수 있다. 그래서 우리의 선인들도 자신들의 삶 속에서 경험을 통해서 얻어진 이러한 결과와 지혜를 정리해서 과유불급이자 바로 중용中庸이란 경구를 만들어 후손들을 경계한 것이 아닌가 한다.

이런 점에서 보면 선인들이 중시했던 중용中庸이나 과유불급은 큰일이나 대단한 일에만 적용되는 그런 법칙이 아니라 우리의 일상생활 어디에서나 적용되는 진리이자 삶의 지혜인 것을 절감하게 된다. 그러므로 우리도 선인들의 이러한 가르침을 현실 밖에 있는 어떤 특별한 철학이나 경구로만 볼 것이 아니라 바로 우리 현실의 생활 가운데 우리 자신을 안전하게 그리고 무리 없이 살아갈 수 있게 하는 삶의 지혜이자 생활 철학으로 받아들일 필요가 있을 것 같다.

더하여 우리는 옛날부터 지금까지 전해지는 사자성어나 선인들의 명언들을 단지 훌륭한 철학이나 대단한 명언 정도로만 치부할 것은 아닌 것 같다. 그러한 명언과 사자성어는 선인들의 삶 속에서 발견하게 된 삶의 지혜임을 명심하고 그 사자성어들 속에 들어 있는 지혜와 철학을 우리들의 현실적 삶에서 실천하고 적용하려는 적극적인 생활 태도가 필요하지 않을까 하고 때늦은 반성을 해본다. (2018년 6월)

모순矛盾의 미학

우리가 사는 현실에는 서로 모순되는 일이 한 두 가지가 아니다. 그러나 대부분의 경우는 모순되는 것을 당연한 것으로 여기거나 잘못된 상황으로 인식하지 못하는 경우가 많다.

선과 악의 관계도 마찬가진 것 같다. 악한 행위를 하지 말라고 하지만 더 큰 선을 위해서는 작은 악을 선의 수단으로 여기는 경우도 있다. 홍길동전과 같은 소설을 보면 홍길동은 부패하거나 악한 권력자들의 재물을 빼앗아서 가난하거나 힘없는 사람들에게 나누어준다. 그래서 그는 도적이지만 의적이라 하여 그 행동이 정당화되기도 한다.

이러한 상황을 경계한 한자 성어 중에 견리사의見利思義라는 말이 있다. 내가 항상 후배들이나 자식들이나 나와 가까운 사람들에게 강조하고 권하는 말이다. 그러나 어느 날 갑자기 생각해보니 견리사의에서 리利와 의義는 서로 과연 모순되기만 하는 그런 관계와 의미일까 하는 의심이 들게 되었다.

견리사의란 이로움을 보면 의로움을 생각하라는 말이다. 그런데 현대 사회의 경제구조와 인간관계나 국제관계 속에서 자국민에게는 이롭고 의가 되지만 타他국민에게는 해롭고 의가 되지 않는 산업과 기업이 수도 없이 많다. 또 국내에서만 봐도 더 큰 의를 행하기 위해서 의롭지 못한 이利를 취하는 경우도 있다. 그러나 이러한 경우에는 부당한 이利가 정당화되기도 한다.

이런 현상은 정치에서 가장 심한 것 같다. 지방의회나 국회의원에 입후보한 선량들은 누구나 예외 없이 선구구민을 위해서는 나라 전체에는 해로운 것이라도 전혀 아랑곳 하지 않겠다고 한다. 또 자기의 지역구민에게는 이로우나 다른 구민에게는 해로운 일도 공약이란 이름으로 정당화 되고 의로움으로 포장되기도 한다. 그리하고도 당선만 되면 모든 공약公約도 허구도 부조리도 없었던 일이 되거나 정당화 되는 경우가 많은 것 같다.

뿐만 아니라 대선 등에서는 그 규모나 범위가 국회의원 선거와는 차원이 다르다. 자신의 당선을 위해서는 누구나 망국의 행태라고 비판해 마지않았던 국론분열과 지역감정조장 등도 서슴지 않는다. 또 국익에 반하는 줄 번연히 알면서도 국제 관계와 남북관계를 정략적으로 이용하기도 한다. 그래도 당선만 되면 공약(公約)이란 측면에서 정당화 되거나 내로남불이라 하여 유야무야 넘어가고 단지 그의 의로움만 부각된다.

과연 이런 것도 이(利)에 대한 의(義)라 할 수 있을까? 그렇다면 진정한 의미에서 이와 의의 관계는 이렇게 서로 모순되고 대척점에 있기만 한 것일까? 또 의를 위한 것이라면 어떤 이(利)라도 정당한 이일까? 아니면 이체 자체의 의로움만 생각해야 진정한 의로움일까?

세상에는 권도權道라는 말로 이 모든 모순을 합리화하고 정당화하지만 아무리 생각해도 이것은 무엇인가 아전인수격이고 자기합리화에 불과하다는 생각이 든다. 왜냐하면 자신의 입장에서 보면 모든 행동에 나름의 이유와 그럴듯한 정당성이 없는 것이 어디 있겠는가? 그래서 옛날부터 '공도묘지에 가보면 이유 없이 죽은 놈이 없고 또 처녀가 아이를 낳아도 다 할 말이 있다'고 하지 않았던가? 이利 자체가 의義가 되는 유전무죄 무전유죄의 세상에서 정말 이와 의는 서로 다른 것이고 구별 되는 것일까? 이처럼 이와 의의 관계는 이렇게 복잡하고도 미묘한 것 같다. 다시 한 번 생각해볼 문제다.

물론 시대와 상황에 따라 진리도 변하는 세상이기에 절대 선과 절대 의는 결코 인간 세상에 존재하기 어려울 것이다. 그렇다고 모든 상황을 자기에게 이롭도록 해석하고 적용한다면 진정한 의미에서 의라는 것이 어찌 있을 수 있겠으며 누구나가 다 같이 지켜야 할 의라는 것이 어찌 존재할 수 있겠는가?

그러므로 세상이 아무리 금전만능과 배금주의가 만연한 세상이 되었다 하더라도 그래도 이 세상이 살만하고 더불어 살 수 있는 세상이 되려면 아무래도 누구나 인정하고 누구나 추구해야 할, 그리고 추구해도 될 그런 가치가 있는 이利와 의義가 반드시 있어야 하지 않을까 한다. 그래야 세상은 나름대로 의가 존재하는 세상이 되고 그런대로 살만한 세상이 되고 살아갈 방향이 보이는 그런 세상이 되지 않을까 한다. (2017년)

봄비 오는 날

어제 밤부터 오늘 저녁까지 봄비가 줄기차게 내리고 있다. 어제부터 벙글기 시작하던 창밖의 목련도 봄비에 지쳤는지 몇 개의 날개를 벌써 땅 바닥에 떨어뜨리고 있다.

나도 하염없이 내리는 비를 바라보다가 컴퓨터에서 흘러나오는 노래 소리만이 오직 적막을 깨뜨리는 그런 허전함이 싫어서 우산을 들고 등산로를 걷기 시작했다. 산에는 사람이 보이지 않았다. 오직 우산에 떨어지는 빗방울 소리만 크게 들리기도 하고, 계곡에 흐르는 물을 바라보며 이미 비가 상당히 많이 왔구나 생각하기도 하고, 또 비에 젖은 나무를 바라보며 곧 저 가지에도 연두색 잎들이 아가의 손가락처럼 돋아나겠지 등, 쓸데없는 생각들을 이어가면서 무작정 산으로 올라가다보니 벌써 평소에 등산을 하고 근력운동을 하던 약수터에 도착했다.

아무도 없다. 나는 무료하고 적적함을 달래기 위해서 아무 의미도 없는 소리를 질러본다. 그것도 몇 번 해보니 재미가 없다. 운동을 하려고 해도 모든 운동 기구가 비에 젖었고 또 앉는 의자도 비에 젖어서 앉을 수도 없었다. 그냥 한참 동안 서서 멍하니 먼 산만 바라보다가 그것도 재미가 없어서 살이 부러진 우산을 펼치고 갈 곳도 없어 그냥 집으로 돌아온다.

집에는 불이 꺼져 있고 사위四圍가 너무 조용하다. 아내도 답답하여 마트에라도 갔는가 하고 방에 들어가 보니 아내는 아예 침대에 드러누워 낮잠을 자고 있다.

어디 아픈가 하고 물으니 그냥 심심해서 잔다고 한다. 물론 옛날부터 봄비는 '잠비'요. 가을비는 '떡비'라고 했지만 우리 두 사람의 삶이 너무도 재미없고 답답하다는 것을 새삼 깨닫게 해주는 말인 것 같다.

나와 아내는 하루 종일 열 마디도 말을 주고받지 않는다. 그냥 아침에 휴대폰에서 모닝콜의 소리가 들리면 같이 일어난다. 아내는 말없이 아침 준비를 하러가고 나는 그냥 부엌에 가서 혈압약을 먹고 텔레비전을 켜고 세수를 하는 등 아침 먹을 준비를 한다. 그러다가 한 30분 쯤 뒤에 부엌에 가보면 아내가 아침 밥상을 차리고 있다. 그러면 말없이 앉아서 아내가 주는 밥을 한 공기 비운다. 반찬 등에 대해 말을 했다가는 잔소리를 한다는 핀잔을 듣기가 일쑤이기 때문에 아무 말도 하지 않고 그냥 주는 대로 먹는다. 다 먹은 후에는 말없이 내가 먹은 밥그릇과 국그릇을 개수대에 가져다 놓고 커피포트에 물을 끓여서 커피 한 잔을 들고 거실로 나와서 다시 텔레비전 앞에 앉아서 커피를 마신다.

아내도 설거지를 끝내고 커피를 들고 거실로 나온다. 나는 말없이 서재로 들어가 컴퓨터를 켜고 증권 사이트를 켜놓고 증권 방송을 듣기 시작한다. 아내는 간혹 궁금한지 그냥 방문을 열고는 빼꼼 들여다보기도 한다. 나도 심심하고 의자에 앉아 있는 것이 힘들면 일어나서 가끔 방 밖으로 나가 거실을 왔다 갔다 하면서 거닐어 보기도 한다.

거실에는 아내가 머리를 창 쪽으로 두고 누워서 텔레비전을 보고 있다. 한두 시간 쯤 후에 다시 거실에 나가보면 아내는 머리를 창문과 반대쪽으로 두고 역시 누워서 텔레비전을 보는지 아니면 잠을 자는지 그냥 누워 있다.

나는 말없이 그냥 방안으로 들어와서 이리저리 거닐며 시간을 보낸다. 시간이 열두시가 넘으면 아내는 일어나서 점심을 준비한다. 준비가 끝나면 '보람이 아빠 점심 드세요' 한다. 그러면 나는 나가서 점심을 먹고 아침과 꼭 같은 방식으로 방에 들어온다.

증권 방송이 세시에 끝나는데 나는 세시까지 기다리기가 지겨워서 두시만 되면 결과는 다음에 보기로 하고 어제와 마찬가지로 등산갈 채비를 하고 집을 나선다. 그것도 매일 똑 같은 장소를 거의 하루도 빠지지 않고 간다.

집에 돌아오면 아내가 또 저녁 준비를 해두었다. 나는 말없이 그냥 저녁을 조금 먹고 텔레비전 앞에 앉아서 잠이 오기를 기다린다.

아내도 설거지를 마치면 옆에 앉아서 텔레비전을 본다. 그러다가 열시 경이 되면 피곤한지 말없이 먼저 자러 들어간다. 나도 텔레비전 채널을 이리저리 자꾸 돌리다가 그것도 지겹고 귀찮아지면 열한시 정도쯤 되어서 자러 들어간다. 아내는 벌써 잠이 들었다. 나는 조용하게 그 옆에 누워서 그냥 잠을 청한다. 이렇게 하루가 저문다.

또 휴대폰의 알람이 울리고 새로운 하루가 시작 되고 나에게는 무의미한 일과가 반복된다. 정말 산다는 것이 끝까지 이렇다면 왜 사람들은 오래 살려고 하는지 궁금하다. 밖에 나가지 않으면 하루에 열 마디 말도 할 사람이 없다. 산 것과 죽은 것이 무엇이 크게 다른가?

어제 밤에 빗방울 떨어지는 소리를 들으며 잠을 잤는데 아침에 일어날 때도 여전히 빗소리가 들린다. 왼쪽 팔을 뻗어서 아내가 있는가를 확인해보니 벌써 없다. 한쪽 눈을 떠서 벽시계를 보니 여섯시 반이다. 나도 기지개를 켜면서 할 일도 바쁜 일도 없는 몸을 또 일으킨다.

어김없이 나를 따르는 친구 그림자만 또 나를 찾아왔다. 언제나 나를 찾고 내가 아무리 구박을 해도 잠시도 내 곁을 떠나지 않고 나를 지키는 것은 오직 그림자뿐이다. 그래서 반가움이 앞선다. 고맙다. 그림자야. 내가 불을 끄고 잘 때도 너는 내 곁에서 나를 지키고 있었겠지? 이제 눈을 뜨고 불을 켜니 너는 다시 내 곁으로 와서 나와 꼭 같은 하루를 다시 시작하는구나. 정말 고맙다. 네가 아니면 이렇게 나를 따라다닐 자가 이 세상에 또 어디 있단 말인가? 하하하.

동병상련의 정을 느끼게 하는구나. 너는 이 세상에서 나와 꼭 같이 나를 닮았고 이 세상에 둘도 없는 나의 진정한 친구이자 영원한 친구로다! 앞으로 좀 더 친하게 잘 지내보자. 손을 내밀어 악수를 청해본다. 그도 내가 불쌍한지 선뜻 손을 내민다. 나는 그 손을 잡고 죽는 날까지 함께 할 것을 다짐하며 서글프고도 무의미한 미소를 보낸다. 그도 내가 안쓰러운지 무의미한 미소를 흘리며 내 손을 잡는다. 그래서 이제는 무의미가 오히려 내 삶의 의미가 된 듯하다.

그러나 이럴 때 내 가슴 한 모퉁이에서는 안 된다. 이렇게 해서는 안 된다는 외침이 들리는 것 같다. 지금 즉시 그림자와 아니 무의미와 잡은 그 손을 놓으라고 외치는 것 같다. 오늘이 어제 같고, 내일이 오늘 같은 삶을 벗어나라고 저 배꼽 아래 마음속에서 꿈틀거리는 움직임을 나는 느낀다.

그렇다. 언제가 될지 아니, 영원히 안 될지도 모르지만 그래도 빠른 시간 안에 새로운 의미와 유의미한 삶이 내 안에 다시 찾아오기를 기대하며 나는 오늘도 또 다른 하루를 시작한다. (2016년)

마음먹기에 달렸다

나는 통속적이라고 비웃는 아내의 비아냥에도 불구하고 중국의 무협 영화를 좋아하고 즐겨본다. 요즘은 TV에서 방영하는 소오강호笑敖江湖를 보고 있다. 소오강호에는 중국의 오악이 배경으로 등장한다. 또 그 영화에는 도교의 사원과 도사 그리고 승려들이 주된 인물로 등장한다.

그런데 배경이 된 태산, 화산, 형산, 항산, 숭산 등 오악의 자연풍경은 정말 감탄을 금할 수 없을 만큼 대단하고 아름답다. 특히 산 중턱에는 구름이 걸리고 그 구름 위에 집을 짓고 사는 도사들의 모습은 속세에 사는 일반인들이 이상향으로 여기고 동경하는 선계의 모습이자 신선들의 삶 그 자체로 보인다. 그래서 그곳에서 심신을 수련하는 도사 등이 한없이 부럽기도 하다.

그러나 영화의 내용을 좀 더 자세히 살펴보면 산수풍경은 정말 일반인들이 평소에 꿈에서나 그리던 그렇게 멋지고 대단한 자연 환경과 풍경이지만 삶의 방식과 삶의 태도는 겉으로 보이는 것과는 완전히 다르다는 것이다.

도사들이 그곳에서 심신을 수련하고 도를 닦는 것은 해탈과 신선이 되는 것이 목적이 아니라 그렇게 아름다운 자연 환경 속에서도 아집과 욕심과 세속적 욕망에 함몰 되어 마침내 오악을 재패하고 그 힘으로 세상을 지배하려는 무서운 음모와 욕심을 키우고 있다는 것이다.

그래서 그 속에서의 삶은 오히려 세속에서 욕심이 없거나 작은 욕심만을 가지고 사는 사람들보다 더욱 살벌하고 처절하고 비참하게 서로 싸우고 다투는 것을 볼 수 있었다.

이처럼 겉은, 아니 머물고 있는 자연환경은 그렇게 아름답고 멋지고 대단해서 일반인들이 꿈에도 그리던 그런 이상적인 자연 풍경이고 환경이지만 그곳에 사는 사람들의 마음과 욕심은 오히려 속세에 사는 사람들보다 더욱 복잡하고 사악해서 그들의 삶은 더욱 고통스럽고 힘들고 비참하다는 것을 알 수 있었다. 물론 이런 느낌은 제작자들의 뜻은 아니겠지만 말이다.

여기서 조용히 생각해본다. 우리가 일상적으로 생각하듯이 정말 좋은 환경과 멋진 풍경 속에 산다면 좀 더 행복하고 더욱 인간다운, 아니 인간의 경지를 뛰어넘는 탈속의 삶을 살 수 있을 것인가 하는 점이다. 그러나 위에서 본 이런 삶의 환경과 삶의 태도로만 본다면 자연 환경과 우리의 삶이 일치하는 것은 아닌 것 같다는 결론에 도달하게 된다. 자연 환경이 아름다워서 그 곳에 사는 사람이 신선이 된 것이 아니고 신선이 살기 때문에 그곳이 더욱 아름답고 멋지게 보였다는 것이다.

이처럼 흔히 하는 말로 다 같이 이슬을 먹어도 뱀이 먹으면 독을 만들고 화초가 먹으면 아름다운 꽃을 피우고 소가 먹으면 우유를 만든다고 했다. 이 말은 우리 인간도 어디에서 어떻게 어떤 자세로 살든지 사는 환경과 삶의 여건이 삶의 행복과 기쁨, 그리고 탈속과 해탈 등에 크게 문제가 되지 않는다는 것이다. 중요한 것은 오로지 그가 무슨 생각을 어떻게 하고 어떻게 살겠다고 마음먹고 있는가 하는 생각과 의지라는 것이다.

비근한 예로 나는 송도 해수욕장 근처에 살며 송도 해수욕장과 안남공원 그리고 송도해변을 개인 정원과 운동장으로 삼아 거의 매일 산책하고 운동하러 다닌다. 처음 얼마 동안은 그림 같은 해안선과 우거진 산림 등의 아름다움에 매료되어 해변을 산책하고 바닷물에 발을 담그는 것을 내 삶에 있어서 더없는 즐거움과 행복으로 생각했다.

그러나 그것도 몇 달이 지나자 아름답던 풍광은 언제나 변함없이 항상 그곳에 그대로 있는 생활환경이자 자연의 일부일 뿐 모든 자연 풍광은 눈에 익어서 습관적인 풍광이 될 무렵에는 더 이상 어떤 감흥이나 특별한 즐거움도 주지 못했다. 그래서 특별한 운동이나 즐거움을 위해서는 오히려 송도 이외의 다른 곳으로 등산을 가거나 운동을 가는 경우가 많아졌다.

또 송도에 해상 케이블카가 설치되자 많은 사람들이 몰려와서 케이블카에서 바라본 송도의 풍광이 너무 아름답고 대단하다고 입에 침이 마르도록 칭찬하는 말을 들었다. 그래서 나도 새로운 어떤 감흥이 있기를 기대하며 케이블카를 여러 번 타 보았다.

그러나 케이블카에서 바라본 바다는 매일 산복도로나 해변을 거닐면서 바라보던 바다 그대로였고 케이블카에서 바라본 해변은 내가 안남공원이나 산책로에서 바라보던 그대로의 해변이었기에 일부러 비싼 돈을 지불해가면서 타야할 만큼 그런 특별한 감흥과 즐거움은 느낄 수가 없었다.

이처럼 멋진 풍광은 가끔 볼 수 있을 때는 특별한 아름다움과 감흥을 줄 수 있지만 그곳에 오래 동안 머물거나 살게 된다면 아무리 아름다운 곳도 다른 곳과 별반 차이가 없는 삶의 현장이자 습관적인 풍광이 되고 만다는 것을 알 수 있다.

이런 점에서 본다면 우리가 중국 오악의 멋진 풍광 속에서 수련하는 도사들이 어떻게 그렇게 사악할 수 있고 세속적 욕망을 버리지 못하는가 하고 욕하는 것은 풍광에 대한 막연한 기대가 반영된 결과라고 할 수 있을 것 같다. 즉, 마음이 악하면 악인이요. 마음이 부처면 부처님이라 했다. 이처럼 인간 삶의 선악과 행복 등도 결국 내가 마음먹기에 달린 것이지 내가 처한 상황과 처지에 따라 내 삶의 질이 결정되는 것은 아니라는 것이다.

그러므로 우리가 자신이 처해 있는 현실과 상황 즉, 항상 불만족스럽고 부족하게 느껴질 수밖에 없는 현실과 처지에 불만을 가지거나 그것을 근거로 부당하거나 부적절한 행동을 합리화하는 것은 모두 핑계에 불과하다는 것이다. 뿐만 아니라 궐지풍광은 우리의 희망이 반영된 풍광일 뿐 절대적인 본지풍광은 아니라는 것이다.

그러므로 환경을 자신의 처지를 합리화하는 근거로 삼는 것은 자신의 비겁한 마음을 숨기거나 현재의 불만족스러운 자신의 처지를 변명하는 말과 행동일 뿐이라는 것이다.

이런 점에서 우리는 자신의 처지나 주어진 현실을 핑계 삼아 자포자기自暴自棄 하거나 방황하는 것도 실패한 자신의 삶을 합리화하는 비겁한 자기변명에 불과하다고 하겠다. 그러므로 성공하기 위해서는 모든 것이 결국 마음먹기에 달렸을 뿐이라는 생각으로 주어진 환경을 핑계 삼기보다는 오히려 불만족스럽거나 부족한 현실을 개선하고 극복할 수 있도록 스스로 최선의 노력을 다하는 것이 더욱 바람직한 행동과 방법이 아닐까 하고 감히 분외(分外)의 말을 해본다. (2017년)

태극기 집회를 보며

우리나라에서 국기國旗 문제가 최초로 거론된 것은 1880년(고종 17) 8월 일본에서 귀국한 수신사修信使 김홍집金弘集이 가져온 주일청국참찬관駐日淸國參贊官 황준셴黃遵憲의 『조선책략朝鮮策略』에서다.

그러나 구체적 논의가 흐지부지 되다가 국기 문제가 재론된 것은 조미조약이 체결되던 1882년 4월 6일의 일로, 조선측의 전권부관全權副官 김홍집과 청사淸使 마젠충馬建忠 사이에서 대두되었다. 재론의 계기가 된 것은 양국 사신의 업무연락을 담당하였던 홍로시鴻臚寺 사품四品 이응준李應俊이 일본국기와 유사한 구도의 조선측 국기도안을 마젠충에게 제시한 데서 비롯되었다.

이것도 청나라와 일본 사이에서 서로 이견을 보이다가 박영효가 8월 22일 태극기 소본小本과 함께 국기제정 사실을 군국기무처軍國機務處에 보고하였으며, 1883년 1월 27일 통리교섭통상사무아문統理

交涉通商事務衙門의 장계에 따라 팔도사도八道四都에 행회行會함으로써 태극기가 정식으로 국기로 사용되기 시작하였다. 현행 태극기를 대한민국 국기로 정식 공포한 것은 1949년 10월 15일이다. (한국민족문화대백과, 한국학중앙연구원에서 발췌)

이렇게 하여 태극기가 마침내 우리나라의 국기로 만들어졌다.

그럼 국기란 무엇인가? 국기는 일정한 형식을 통하여 한 나라의 역사, 국민성, 이상 따위를 상징하도록 정한 깃발이기 때문에 그 나라의 정체성을 상징한다고 할 수 있다. 그러므로 국기는 곧 국가라고 할 수도 있다.

그렇다면 국가와 국민의 관계는 어떤 관계일까? 루소의 사회 계약론에 의하면 '국가는 국민을 보호할 의무를 가지며, 국민은 국가에 복종할 의무를 가진다.'고 했다. 그러므로 국가는 국민을 보호할 의무와 책임이 있지만 또 국민은 누구나 국가를 위해 봉사하고 헌신할 의무가 있다고 하겠다.

물론 여기에는 많은 이견이 있기는 하겠지만 미국의 케네디 대통령이 취임식에서 '국가가 국민들에게 무엇을 해주기를 바라기 전에 국민이 국가를 위해 무엇을 할 것인가를 생각하라.'고 국민의 의무와 희생을 강조함으로써 오히려 국민들의 희망이 되었던 것을 생각해 본보면 국가는 국민에게 무엇인가를 해주기 이전에 국민이 무엇인가를 해주어야 하는 절대존엄이자 모든 국민의 공통된 목적 그 자체라고 할 수 있다.

그러므로 국민은 국가를 위해서 헌신은 하지 못하더라도 최소한, 국가를 이용해서 개인의 이익을 추구해서는 안 된다. 만약 국가를 이용해서 개인이나 집단의 이익을 추구한다면 그와 그들은 국가를 팔아먹은 매국노라는 비난을 받게 될 것이다.

국가의 상징인 국기도 마찬가지다. 그러므로 태극기는 어느 개인이나 어느 특정 집단이 자기들의 이익을 위해서 사용해서는 안 된다. 만약 사적 이익을 위해 태극기를 사용한다면 그것은 결국 국가를 이용해서 개인의 이익을 추구하는 매국노와 같다고 할 수 있다. 뿐만 아니라 그 목적이 아무리 순수하고 아름답다고 해도 그 수단과 방법이 옳지 못하다면 그 결과는 결코 정당화 될 수도 없기 때문이다.

그런데 지금 우리나라에서는 3.1절의 숭고한 기념일에도 모든 국민이 태극기를 들고 마음껏 대한민국 만세를 부를 수 없을 만큼 특정 개인이나 특정 집단이 그들의 이익이나 목적을 위해 태극기를 이용하는 것 같다.

물론 국가와 민족을 사랑하는 방식과 행동은 매우 다양하고 서로 다를 수 있기에 다른 사람의 행동을 내 자신의 기준으로 재단하고 평가할 수는 없다. 또 이 세상 모든 사람들은 자기가 처한 상황이나 어떤 대상에 대해 자기 나름대로 판단하고 자기 나름대로 평가할 권리와 자유가 있다. 그러므로 나도 우리나라의 지금 현실에 대해 어느 누가 어떤 생각을 가지고 어떤 판단을 하는지에 대해서는 관심도 없고 평가하고 싶지도 않다. 그래서 태극기 집회에 대해서도 옳고 그름을 따지거나 또 어느 쪽을 편들거나 나무라고 싶은 생각은 추호도 없다.

다만 나도 국가와 민족을 사랑하는 대한민국의 한 구성원으로서 그들의 전유물도 아닌 태극기를 그들의 사사로운 이해관계를 위해서 자기들의 전유물인양 사용하는 행위에 대해서는 그냥 모른 체하고 넘어가기에는 너무 안타깝다는 생각이 든다.

그러면 태극기를 사적으로 사용하고 있는 이들의 행동은 어떻게 평가해야 할까? 국가는 모든 국민이 봉사하고 헌신할 대상일 뿐 개인의 이익을 위해 이용의 대상이 되어서는 안 되고 이용해서도 안 되는 그런 존재라고 했다. 그리고 국가의 상징인 국기도 마찬가지라고 했다. 만약 그렇지 못하다면 매국노가 된다고 했다. 그런데 이들은 태극기를 그들의 이익이나 목적을 달성하기 위해 사적으로 사용하고 있다. 그렇다면 어떻게 평가해야 할 것인가? 꼭 말할 필요가 있겠는가?

우리나라는 역사적으로 매국노가 많았고 그래서 그들을·청산해야 된다는 목소리도 아주 높았다. 그러나 번번이 우익의 탈을 쓴 매국노들의 조직적 방해로 인해 그 청산이 지연되거나 물거품이 되곤 했었다. 그래서 일제의 잔재이자 매국노들이 지금까지도 사회 곳곳에 뿌리를 내리고 있다가 사회가 혼란하거나 국가의 기강이 해이해질 때가 되면 그것을 기회로 삼아 사회 곳곳에서 준동하며 자신들의 행위를 애국으로 포장해왔다. 그리고 역사 속에서의 매국노들도 살펴보면 그들 중 시대를 핑계 삼지 않거나 스스로 국가와 민족을 위해 자신을 희생한다고 말하지 않은 자가 어디 있었으며 또 그 지위나 위치가 남보다 낮은 자가 몇 명이나 있었던가?

그러나 진정으로 나라를 사랑하고 또 나라가 누란의 위기에 처하거나 백척간두에서 풍전등화와 같은 위기를 맞았을 때 나라를 구한 사람들은 지배계층이 아니라 민중이자 민초들이었다. 이들은 평소에는 바보처럼 지배자가 시키는 대로 온갖 궂은일을 도맡아 하고 또 온갖 고통과 굴종을 강요당하면서도 자신들의 사적 이익을 위해서 결코 나라를 팔지는 않았다. 그러면서 민초들은 나라가 위기에 빠졌을 때는 아무런 대가도 기대하지 않고 마냥 나라를 구하기 위해서 자신의 목숨마저 아낌없이 던졌다.

그러면 오늘날 태극기 집회에 모인 사람들은 과연 이러한 민초들이라 할 수 있을까? 만약 이들이 태극기를 자기들의 전유물인양 사용하고 또 태극기를 자신들이나 집단의 이익과 목적을 위해서 이용하는 무리라고 한다면 바로 이런 무리가 어지러운 나라의 사정을 이용해서 또 다시 자신들의 사욕을 채우기 위해 준동하는 매국노와 같은 무리가 아닐까 의심하는 것은 잘못된 생각일까?

이런 점에서 만약 이들이 객관적인 증거와 합리적인 조치와 헌법재판소의 판단을 아전인수격으로 해석해서 근거 없이 매도하고 법치주의를 거부하며 오직 자신들의 이익과 목적만을 추구한다면, 이들은 자신들의 행동을 어떤 말로 변명하고 애국이란 말로 포장한다고 해도 이것은 구한 말 나라를 팔아먹은 이완용 등의 매국적인 행위보다 그 죄가 작다고 할 수는 없을 것 같다.

나는 조선 시대의 당쟁처럼 보이는 오늘날의 정치와 그런 정치인들을 싫어하기 때문에 우리나라의 정치가 어떻고 저떻고 또 어느 정치인이 어떻고 저떻고는 관심이 없다. 그리고 탄핵의 결과도 법에서 알아서 할 일이지 내가 관여할 바는 아니라고 생각한다. 그러므로 태극기나 국가를 개인이나 어떤 집단이 사적 이익을 위해 이용하지 않는다면 나는 어떤 집회도 관심이 없고 관여하고 싶지도 않다.

다만 내가 바라는 것은 정치인이나 유식한 법조인이나 지배계층에서 무지한 민초들을 이용해먹지 말라는 것이고 태극기나 국가를 사적 이익이나 목적을 위해서 이용해먹지 말라는 것이다. 또 진정으로 나라를 사랑하는 우리 민초들에게 그들이 갈 길을 스스로 선택할 수 있도록 선동하지 말라는 것이다.

앞으로 나라가 안정되고 질서가 바로 선다면 국가의 미래와 민족의 정기를 바로 세우기 위해서라도 우선적으로 박쥐와 같은 이런 무리들과 민초들을 이용하여 자신의 이익을 챙기려는 이런 집단과 태극기를 이용하여 사욕을 채우려고 한 매국노들을 일벌백계하여 이들에 의해 법치주의와 민주주의가 다시는 흔들리지 않게 해야 한다는 것이다. 뿐만 아니라 앞으로는 이런 인간들이 더 이상 이 나라에서 또 다시 머리를 들거나 준동하지 못하도록 엄중하게 단죄해야 마땅하다는 것이다. (2017년 3월)

못난 도마름

미국 트럼프 대통령의 방한을 보며 조선시대 도마름의 행차를 보는 것 같다면 이것은 나만의 잘못된 시선 때문일까?

마름은 지주로부터 소작지의 관리를 위임받은 사람이며 부재지주의 소유 농토가 대규모일 경우에는 마름제도도 계층적으로 편성되어 도마름都舍音 · 마름 · 하마름下舍音 등으로 나누어진다. 도마름은 부재지주의 총대리인으로 마름과 하마름에 대한 감독과 이들의 불법행위에 대한 책임을 진다.

마름의 역할은 소작인을 선정하거나 변경하고, 작황을 조사하여 소작료를 확정한 뒤 소작료를 징수, 보관하는 일이다. 특히 병작제의 경우 다음 해를 위한 종자를 보관하는 일도 했다. 그리고 도지법의 경우는 미납된 소작료를 적극 독촉하기도 한다.

마름의 힘은 지주의 대리인으로서, 소작인의 생산 활동에 직접

개입하는 일은 드물지만, 추수기의 소작료 징수만이 아니라, 소작권의 박탈, 작황, 소작인의 평가 등에 실질적인 영향력을 행사하는 것이다.

이에 따라 마름은 자기의 막강한 힘과 위치를 이용하여 실제로는 작황을 조사할 때 풍작인데도 재해 때문에 손해를 입었다고 보고하거나, 소작료를 징수할 때 두량斗量을 다르게 하거나, 소작료의 시세를 속이는 방법 등으로 지주와 소작인을 기만하여 그 차액을 횡령하고 부당이득을 취하는 경우가 많았다. 특히 소작인에 대해서는 소작료를 임의로 높이고 찬사물饌謝物 · 접대비 · 계미鷄米 · 가도지加賭只 등의 명목으로 소작료를 초과 징수하였으며, 심지어는 여러 가지 구실로 강제노역까지 부과하였다. 그리고 소작인을 선정하거나 변경하는 권한을 남용하여 소작인을 임의로 교체시키거나, 무고한 소작인을 농지에서 내쫓고 그 경작권을 다른 사람에게 팔기도 하였다. 다른 한편으로는 고리대금업까지 겸해 춘궁기 등에 곤경에 처한 소작인에게 식량이나 금전을 빌려주고 고리의 원리금을 수탈하기도 하였다. (〈한국민족문화대백과, 한국학중앙연구원〉에서 발췌함)

도마름의 이러한 권한과 불법적 행태로 미루어 볼 때 도마름이 해마다 혹은 소작인을 새로 정할 때쯤 지방을 순시한다면 그 행차는 보지 않아도 횡포가 대단했을 것으로 추측된다. 즉, 출발 전에 자신의 희망 사항을 은근히 흘리고 또 도착해서는 으르고 뺨치는 식으로 이런 저런 핑계로 하마름이나 소작인을 위하는 척하며 자신의 이권을 챙기려 든다면 하마름이나 소작인은 울며 겨자 먹기

식으로 억울하지만 속수무책으로 도마름의 횡포와 수탈을 감수할 수밖에 없었을 것이다.

그리고 도마름의 소식을 들은 중마름도 괜스레 심술이 나서 무엇인가 불만을 가진 척하며 하마름이나 소작인들의 태도에 불쾌감을 표시한다. 그러면 하마름과 소작인은 무엇인가 잇속을 챙기려는 그 속내를 뻔히 알면서도 겉으로는 자신들이 무엇인가 중마름의 심기를 건드리는 잘못을 저지른 것처럼 절절 매면서 중마름을 찾아뵙고 이유도 없이 잘못을 사과하게 된다. 그러면 이때 중마름은 자신의 위치와 힘을 자랑하며 겉으로는 약간의 은혜를 베푸는 척하고 뒤로는 이권을 챙기고 또 군림하는 자기의 위치를 확인하려 했을 것이다.

이러한 도마름과 중마름의 행태와 횡포를 상상하자 무슨 까닭인지 최근의 미국 트럼프 대통령의 방한과 우리나라 대통령의 중국 방문이 서로 겹쳐져 보이는 것은 나의 시각에 문제가 있기 때문일까?

아무튼 국가 간의 외교와 국제 관계는 도마름과 하마름이나 소작인 사이의 관계와는 전혀 다른 것이기를 진정으로 바란다. 또 위와 같은 나의 시각은 결단코 잘못된 것이기를 희망한다. 뿐만 아니라 마름의 부패와 모순은 결국 마름제도 자체를 폐지하게 되었다는 것도 역사적 사실인 것을 알았으면 좋겠다.

어려움을 함께 나눌 수 있는 친구가 진정한 친구이듯 국제 관계도 자신의 힘을 무기로 힘을 자랑하며 상대를 윽박지르고 자신의 이익만 챙기려 한다면 절대로 진정한 친구가 될 수 없었다는 것도 분명한 사실일 것이다. 또 진정으로 강한 자는 약자를 윽박지르고 군림하는 자가 아니고 약자를 보호하고 용서할 줄 아는 자이고 진정한 장자는 자신의 욕심만 채우는 자가 아니고 약자에게 베풀 줄 아는 자라는 것도 현실적인 진리다.

그러므로 강대국들도 이러한 역사의 교훈을 거울삼아 빠른 시일 내에 못난 도마름과 하마름 같은 국제관계를 청산하고 장자다운 풍모를 회복하여 군자의 사귐과 같이 떳떳하고 당당한 상호 선린 우호의 관계로 나아가야 할 것이다.

이러한 관계를 위해서는 약소국가들도 항상 강대국에 의지하여 그들의 눈치만 보고 그들에게 자신의 안위를 맡길 것이 아니라 스스로 자신을 지키고 자립할 수 있는 자주국방에 더 큰 노력을 기우려야 할 것이다. 뿐만 아니라 경제적으로도 '우선 먹기 곶감이 달다'는 식으로 눈앞의 이익에만 매몰되지 말고 강대국의 기침에도 감기가 걸리는 허약한 체질을 하루 빨리 개선할 수 있도록 좀 더 멀리 보며 기술을 개발하고 과학을 발전시키는 등 자립 경제의 확충에 더욱 만전을 기해야 할 것이라 생각된다. (2017년)

제4부
정년 후 등단까지

인생은 아이스바(Ice bar)다.
냉동고를 나오면서부터
들고만 있어도 녹아내리고
맛있게 먹어도 없어진다.

들고만 있으면
녹아서 손만 더럽히고
마침내 막대만 남지만
맛있게 먹으면
달달하고 시원해서
없어진 뒤에도
기억되고 추억된다.

아이스바(Ice bar)는 인생이다.
나는 오늘도 내 아이스바(Ice bar)를
한입 맛있게 먹고 싶다
함부로 녹아내리기 전에.
– 「아이스바(Ice bar)」

발자국

나는 거의 매일 송도 해변을 맨발로 걸으며 철썩이는 파도소리를 듣고 끝없는 대양을 바라보며 바닷물에 발등을 적시는 것을 좋아한다. 파도가 좀 크게 밀려온다 싶으면 가장자리에서 미리 더 멀리 떨어지는 등 한껏 걷어 올린 바짓가랑이가 젖지 않도록 애를 써본다. 그러나 나의 뜻과는 달리 바닷물의 장난에 언제나 바지를 적시며 바닷가를 걷는다.

걷다가 간혹 뒤를 돌아보면 나를 따르는 발자국이 보인다. 혼자 걷는 나만을 외롭게 따라오는 발자국에 동병상련을 느껴서일까? 자그마한 것이 상당히 예쁘게 느껴진다. 그래서 자주 뒤를 돌아본다. 그러나 몇 걸음 걷지 않아서 심술을 부리는 바닷물에 발자국이 금방 지워져버린다. 안타까워서 간혹 파도가 쓸고 간 빤빤한 모래밭이 보이면 나도 모르게 나는 그곳에 더 힘주어서 나의 발자국을 남겨 보기도 한다.

그러나 다음날 가보면 그곳에도 다른 사람의 발자국과 새들의 발자국으로 나의 발자국은 지워지고 없다. 또 그렇지 않다고 해도 며칠이 지나면 지나가는 바람이나 다른 요인들에 의해 내 발자국은 흔적도 없이 사라진다.

이러한 발자국을 바라보며 나는 생각해본다. 나는 왜 나의 발자국을 남기고 또 그것이 오래 가지 못하는 것에 안타까움을 느낄까? 이것은 나만의 생각이고 나만의 졸렬한 존재감일까 하고 물어본다. 그런데 아마 아닌 것 같다. 나뿐만 아니라 인간, 아니 이 세상에 생겨난 모든 생물들은 나와 같이 자신의 발자국이자 자취를 남기고 싶어 한다는 생각이 든다.

그래서 인간들은 자신의 발자국 즉, 이름을 남기고자 하는 욕망을 충족시키기 위해 힘이 있고 돈이 있는 자들은 정당성과 불법성을 가리지 않고, 남들이 존경하든 말든, 사람들이 많이 모이는 곳에 동상과 흉상과 비석 등을 세워서 그 자취를 억지로라도 남기려고 한다.

뿐만 아니라 힘도 없고 돈도 없는 보통 사람들도 그들이 할 수 있는 최후의 수단으로 명승지나 경치 좋은 곳에 몰래 자기의 이름을 새기거나 또는 다른 동식물들과 마찬가지로 그들의 생물학적 후손을 생산해서라도 그들의 자취를 남기려고 한다. 우리나라에서는 그것도 마음대로 되지 않을 때는 씨내리나 씨받이 등의 방법을 사용해서까지 생물학적 자취라도 남기려고 했다. 이처럼 모든 인간들은 자신의 발자국이나 자취를 남길 특별한 방법이 없을 때에는 후손이나 자손의 생성을 통해서라도 자신의 생물학적인 자취나 발자국이라도 남기고자 했고, 또 남기고 있다.

그러면 이런 현상은 인간들뿐일까? 아마 아닌 것 같다. 식물들을 보면 일년초는 일년초대로 다년초는 다년초대로 그들의 생명이 계속되는 한, 열매 등을 통해서 끊임없이 그들의 자손이자 그들의 자취를 남기려고 한다. 그리고 동물들도 암컷의 발정기만 되면 수컷들은 자신의 목숨을 걸고 암컷의 쟁탈전을 벌리고 자신의 혈통이자 그들의 자취인 후손을 만드는 일에 삶의 전부를 바친다. 물론 그것이 무엇 때문이고 왜 그렇게 해야 하는지는 잘 모르지만 이것은 이 세상에 태어난 존재로서 무엇인가를 남기고자 하는 것이 모든 생물의 존재 의미이고 또 자존심이고 삶의 본능인 것 같다.

그러나 이렇게 해서 남긴 인간들이나 생물들의 흔적들은 유구한 역사나 시간 속에서 보면 개체의 존속이라는 것 이외에는 바닷가 모래밭에 새겨진 나의 발자국과 별반 다를 것이 없는 것 같다. 특히 변변치 않은 업적인데도 어느 한 순간의 인기 등으로 인하여 만들어진 손이나 발의 프린팅이나 비석 등은 얼마 가지 않아서 사람들의 기억에서 잊히거나 만든 재료의 수명과 함께 서서히 사라진다. 또 돈과 권력의 힘 등으로 강제로 세운 흉상이나 동상 등은 그들의 바람과는 달리 그 돈과 권력의 힘이 사라지면 즉시 모가지에 밧줄이 걸려서 길거리에 끌려 다니다가 용광로에서 한 움큼의 쇳물로 사라지기도 한다.

그래서 정말 현명한 사람들은 이렇게 생물학적이거나 물리적인 자취와는 달리 인간 존재 자체의 존속과 인간 존재의 의식과 함께 영원히 자신의 자취이자 발자국을 남기려는 삶을 추구하게 되었다. 그 결과 인간은 역사라는 것을 만들어서 그곳에 업적을 기록하고 그를 통해서 자신의 존재를, 아니 자신의 발자국을 영원히 남기고자 했다. 그것도 구취만년口臭萬年이라 하여 더러운 이름을 남기는 것이 아니라 유방백세流芳百世하는 아름다운 이름을 남기고자 했다.

그럼 어떻게 해야 개인의 발자국이 유방백세할 수 있을까? 이것은 말하기는 쉬워도 실행하기는 매우 어렵다는 생각이 든다. 그것은 길거리에 현재까지 세워져 있는 역사적 인물의 동상이나 역사책 속에 남아 있고 찬양 받는 인물들을 보면 금방 알 수 있다. 이들은 모두 자신을 위해서 산 것이 아니라 국가와 민족을 위해서 희생하고 봉사를 실천한 인물이라는 것이다. 즉, 국가와 민족 그리고 인류를 위해서 자신을 희생하고 봉사하며 국가와 민족과 인류의 삶에 아름다운 업적과 기억을 남길 때 그들의 자취와 발자국은 영원히 기록되고 보존된다는 것이다.

이처럼 진정으로 남을만하고 남겨야만 되는 그런 발자국은 우리가 억지로 남기려 해서 남는 것도 아니고, 남기지 않으려 한다고 해서 그냥 사라지는 것도 아니다. 남을만한 발자국은 우리가 남기려 하지 않아도 저절로 남게 되고, 반대로 억지로 남긴 이름은 기억력이 나쁜 후손들을 피곤하게 할 뿐이고 또 호랑이처럼 잘못 남긴 가죽은 돈 많고 무식한 인간들의 엉덩이 밑에 깔려서 더러운 구린내만 맡게 될 것이다.

그러므로 우리도 헛되이 바닷가 모래사장에 자신의 발자국을 남기려 애를 쓰지 말고, 또 부당한 권력이나 더럽게 번 돈으로 강제로 또는 억지로 자신의 동상이나 흉상을 세우려 하지도 말고, 더더구나 남을 속이고 부당한 방법이나 수단으로 자신의 자취나 이름을 남기려 하지는 말아야 할 것 같다. 그보다는 국가와 민족 그리고 더 나아가서는 인류를 위해 내가 무엇을 해야 할 것인가를 먼저 생각해보는 것이 현명하지 않을까 한다. 그렇지 못하다면 최소한 자신의 주변이라도 둘러보고 나를 태워 나로 인해 세상이 더 밝아질 수 있는 그런 일이 어디 있는가를 찾아보는 것이 자신의 발자국을 좀 더 오래 동안 남기는 더 좋은 방법이 아닐까하고 감히 월조대포越俎大砲해 본다. (2016년)

백두白頭의 긍지

나는 40대부터 흰머리가 상당히 많아서 염색을 시작한 이래 62세 정년을 하기까지 염색을 계속해 왔다. 그래서 나는 20년이 넘도록 나의 머리카락 색깔이 정말 무슨 색인지 알지 못했다. 단지 매번 염색을 다시 하기 직전에 머리털의 뿌리 부분을 보면서 '머리가 많이 세었구나' 하고 대충 짐작만 하고 있었을 뿐이었다. 그러다가 정년을 한 후 1년이 지났을 무렵에는 염색을 하는 것도 번거롭고 또 피부가 약해서 염색의 후유증도 적지 않았기 때문에 염색을 그만두어야겠다고 생각했다. 그래서 가족들의 반대를 무릅쓰고 어느 날부터 갑자기 염색을 중단했다. 그러자 아들과 딸은 물론 아내마저 머리 색깔이 얼룩덜룩하고 보기 싫다면서 염색을 다시 하라고 성화를 부렸다.

그러나 나는 염색의 폐해를 말하며 이 나이에 염색을 할 이유가 없다고 버티면서 3개월을 견뎠다. 그 후에 이발소에서 마지막 남은 염색의 흔적을 잘라내었다. 그 때 나는 나 자신도 몰라볼 만큼 변해버린 내 모습에 깜짝 놀라 눈을 크게 뜨고 비명을 질렀다. 검을 머리털은 하나도 없고 모두 하얀 백발의 모습이 나타났기 때문이다. 내가 너무 놀라워하니 이발사가 오히려 모두 흰 것이 오히려 보기 좋다고 위로의 말을 보냈다. 그러나 내 마음속에서는 '아! 내 인생이 이렇게 끝이 나는구나.' 등등의 온갖 생각이 일어나면서 무엇인가 허전하고 안타깝고 서러운 느낌이 들어서 가슴이 뭉클해지는 느낌은 어쩔 수가 없었다. 집으로 돌아오니 아내도 놀라서 사람을 완전히 몰라보겠다면서 다시 염색을 하라고 성화를 했다. 그러나 나는 태연한 척하며 '머리털의 색깔이 무에 그리 중요한가? 사람의 마음가짐이 중요하지' 하면서 아무렇지도 않은 척 했다.

그러나 마음 한 구석에서는 다시 염색을 할까 그만둘까 망설이는 마음이 반복되었다. 그러다가 다시 생각해보았다. 흰색깔이란 것이 어떤 것인가? 우리나라의 전설이나 설화 등에 등장하는 산신령의 모습은 한결같이 백발이 아니던가? 그리고 영웅소설에 등장하여 주인공에게 무한의 능력을 길러주고 전수하는 도사도 머리가 우선 백발이라고 표현하지 않았던가? 또 꿈에 나타나 인간에게 좋은 일을 현몽하는 신선이나 산신령의 존재도 모두 백발이 아니던가. 또 우리 민족은 백의민족이라 하여 '백의'를 입게 된 근원적인 이유를 차치하더라도 백의는 우리민족에게 신성시하는 마음과 흰색깔에 대한 자부심도 그 밑에 깔려 있지 않은가? 등등의 자기 합리화와 변명의 말들을 떠올려보며 스스로를 위로해 보았다.

아무튼 백발은 신성하고도 큰 능력을 지녔고 또 신비한 존재의 상징으로 사용되었다. 이런 점에서 흰 색깔은 우리민족에게는 특별한 색이었다고 할 수 있다. 그리고 머리털의 색깔에는 검은색도 있고 금발도 있고 은발도 있다. 그런데도 무엇 때문에 백발만이 문제가 되겠는가? 하는 생각이 들었다.

그러나 다른 한편으로는 우리나라에서는 여전히 문제가 될 수도 있겠다는 생각도 들었다. 왜냐하면 우리나라 사람들은 원래 검은 머리로 태어나서 살다가 나이가 들어서야 머리가 흰색으로 변하며 백발이 되기 때문이다. 이것은 다름이 아니라 백발이란 바로 나이가 많음을 뜻하고 나이가 많다는 것은 죽음과 가까워졌다는 부정적인 의미가 되기 때문이다.

그러나 또 다른 측면에서는 백발은 늙음을 뜻하고 늙었다는 것은 '늙을 노老'자에서 알 수 있는 바와 같이 '익숙하다' '노련하다' '숙달되다' 등의 긍정적인 뜻도 포함되어 있다. 그래서 늙음은 경험이 많음을 뜻하고 경험이 많다는 것은 세상에 대한 높고 깊은 안목을 가졌다는 것을 뜻하고 또 깊고 높은 안목은 높은 지혜를 갖게 되었음을 뜻하기도 한다.

이처럼 백발은 죽음이 멀지 않았다는 표시로 기피의 대상이기도 하지만 긍정적인 측면에서는 나이가 많은 어른으로 또 세상에 어려운 문제가 생겼을 때 고상한 해결책을 제시할 수 있는 지혜 있는 사람으로 존경을 받게도 한다. 이런 점에서 본다면 내 머리가 본의 아니게도 남들보다 일찍 백발이 된 것은 전화위복이자 다행이란 생각이 들기도 한다.

물론 어른과 존경의 대상으로 대접을 받으려면 실제로 나이도 많고 또 그에 걸맞은 능력도 갖추고 있어야 할 것이다. 그렇지만 나는 아직 그렇게 대접을 받을 만큼 그 정도로 나이가 많은 것도 아니고 특히 세상의 문제를 잘 알아서 해결할 수 있는 그런 능력과 지혜를 가지지도 못했다. 이런 점에서 보면 나의 백발은 아주 큰 문제를 지닌 백발이라 하겠다. 즉, 백발에 대한 대접과 그 대접에 대한 책임을 다할 수 있는 그런 능력은 없으면서 단지 머리 색깔만 닮은, 빛 좋은 개살구에 불과하다는 것이다.

그렇다고 염색을 해서 머리털의 색깔을 감춘다고 가는 세월을 멈출 수 있겠으며 또 흰머리의 책임을 언제까지나 회피할 수가 있겠는가? 어차피 언젠가는 나도 더 나이가 들 것이고 또 나이가 들면 그 나이에 따른 세상의 의무를 다해야 할 것이 아니겠는가? 그런데 억지로 염색을 해서 색깔을 속일 필요가 있겠는가하는 생각도 든다. 그래서 오히려 백발이 된 것을 기회로 삼아 백발의 가치를 지키고 백발에 걸맞은 대접을 받으며 나 스스로를 백발에 부끄럽지 않도록 그리고 좀 더 백발에 어울릴 수 있는 그런 사람이 되도록 나를 성숙시키고 또 나이에 따른 책임과 의무를 다할 수 있는 그런 인격체가 되도록 노력하고 정진하는 것이 더욱 바람직한 사고와 행동이 아닐까 하고 생각해본다.

흔히 말하기를 '얼굴의 주름살은 인생에 대한 세월을 상징하는 나이테지만 흰 머리카락은 풍상을 견뎌온 인고의 표상'이라 하지 않던가. 이처럼 나이가 들면 자연스럽게 나타나는 현상이 백발인데 왜 백발을 흉하게만 생각하는가? 백발은 나이와 세월의 상징이 아니던가? 어느 누가 가는 세월을 잡을 수가 있겠는가?

앞으로는 백발을 부끄러워하거나 혐오스럽게 생각하지 말아야겠다. 자랑스럽지는 않지만 적어도 조물주가 나에게 준 마지막 선물이자 상징 정도로 생각하고 백발에 부끄럽지 않게 백발에 어울리는 사람이 되도록 더욱 정진하고 노력해야겠다. (2016년)

본말전도本末顚倒

사람을 평가할 때 '사람은 참 좋은데 말이 거칠다거나 또는 인품은 참 뛰어났는데 가난해서 성공하지 못했다.'고 말하기도 하고 노래자랑이나 스포츠 등을 관람할 때도 흔히 '노래는 더 잘했는데 춤이 좀 부족해서 졌다. 또는 춤은 더 잘 췄는데 의상이 어울리지 않아서 졌다'거나 '공은 더 잘 다루고 능력도 더 있는 것 같은데 서로 조화를 이루지 못해서 졌다. 정말 안타깝다.'고 말을 하기도 한다.

이런 말들은 근본과 부수적인 지말 또는 자기가 생각하는 수준과 결과가 불일치할 때 안타까워하면서 사용하는 말들이다. 그럼 사람들이 이렇게 안타깝게 평가하면서도 큰 문제의식 없이 받아들이는 우리의 이러한 현상은 정당하고 또 제대로 된 세상이라 할 수 있을까? 아마 아닌 것 같다.

그러나 이런 현상은 어느 특정한 개인이 만든 것도 아니고 우리 모두가 함께 만든 사회의 조류이자 추세다. 그러므로 이것은 어느 개인이 어찌할 수 있는 것도 아니고 바꿀 수 있는 것도 아니다. 이런 점에서 이런 현실은 어느 누구를 탓할 수도 없고 잘못 되었다고 말할 수도 없는 그런 현상이라 할 수 있다.

뿐만 아니라 현대는 사회의 패러다임이 10년도 되지 않아서 바뀌는 시대가 되었다. 이에 따라 현대는 어느 것이 근본이고 어느 것이 지말인지 분간하기도 알기도 매우 어려운 세상이 되었다. 이런 세상에서 우리는 등소평의 흑묘백묘黑猫白猫 이야기가 긍정적 세력을 얻고 '꿩 잡는 것이 매'라 하여 결과만을 중시하는 풍조가 어느 사이엔가 우리의 일상적인 삶에 뿌리를 내리고 있다.

이런 세상에 과연 근본과 지말은 구별할 수 있는 것이며 또 차이가 있는 것일까? 현대는 하드가 중심이 아니고 소프트가 중심이라고 한다. 그리고 이런 사회에서 성공하기 위해서는 변화하는 사회의 트랜드(trend)를 빨리 깨닫고 거기에 맞추거나 앞서가야 한다고 한다. 그리고 평생 한 우물을 파는 것은 농경 사회나 사회의 패러다임이 천천히 변할 때는 가능하지만 10년도 지나지 않아서 딴 세상이 되는 현대는 한 우물을 파서는 절대 성공할 수 없다고 한다. 바닷물을 걸러서 먹는 새로운 시대에는 우물이 전설 속의 이야기가 될 것이기 때문이다.

이런 사회에서 지엽과 근본은 정해져 있는 것이며 무엇이 근본이라고 과연 말할 수 있을까? 노래하는 가수에게 있어서 노래가 과연 근본일까? 아니면 춤이 근본일까? 춤꾼에게는 춤이 근본일까? 아니면 의상이 근본일까? 물론 가수는 노래, 춤꾼에게는 춤이란 것이 그 대상을 가리키는 용어에서 드러나듯이 일단 근본이라 할 수 있을 것이다.

그러면 과연 가수의 춤과 춤꾼의 의상과 사람의 돈과 거친 말투 등은 정말 지말일까? 컴퓨터의 하드는 근본이고 소프트 프로그램은 지말일까? 과거의 의식이나 사회의 패러다임으로 보면 두 말 하면 입이 아플 말들이다. 그러나 현대에 와서는 어느 누가 이것이 근본이고 저것이 지말이다. 하고 분명하게 말할 수 있겠는가?

세상의 근본이란 결국 이 세상을 살아가는 사람들의 삶의 근간을 유지하고 성공하기 위한 보편적이고도 가장 중요한 삶의 방식을 우리는 근본이라고 했던 것 같다. 그렇다면 현대 사회에서 정말 우리가 가장 인간답게 살고 성공하기 위해서는 지금까지 우리가 근본이라고 했던 것들이 지금도 그 기능을 충분히 다 하고 있는가? 그리고 옛날에 지말이라고 했던 것들은 지금도 지말의 구실밖에 하지 못하는가?

현대는 옛날의 본과 말이 전도顚倒 되고 또 전도 되어야 성공하는 시대가 되었다. 이런 세상을 바라보면서 어떤 사람들은 한탄을 할 것이고 어떤 사람은 시대의 변화를 당연하게 받아들일 것이다. 나도 옛날에는 전자와 같았다. 그러나 가만히 생각해보면 근본과 지말도 다 시대적 산물이고 그 시대에 잘 살기 위한 방편으로 또 그 시대의 삶의 보편적 사고와 삶의 방식을 근본으로 삼았다는 생각이 든다. 그러므로 너무 옛날 사고방식을 고집하고 시대의 흐름에 역행하는 사고는 현실적 삶을 어렵게만 만들 뿐이다. 그래서 나도 이제는 후자의 편에 서기로 했다.

이렇게 말하고 나니 나도 시대의 흐름에 뒤지지 않은 것 같고 무엇인가 빠르게 변화하는 세상에 잘 적응하는 것 같아서 기분이 좋기는 하다. 그러나 다른 한편으로는 세상의 근본도 알지 못하면서 겉멋만 들어서 시대에 편승하는 것 같아서 마음이 불편하기도 하다.

그러면 정말 이 시대에는 근본이라는 것이 없는 세상일까? 아무리 세상이 빨리 변하고 본말이 헷갈리는 세상이라 해도 그래도 무엇인가 근본은 있어야 하지 않겠는가? 그래야 후배나 자손들에게 어떻게 살아야 한다고 어른이 가르칠 수도 있고 또 세상을 살아가는 모든 사람들이 기대고 의지하면서 자기 위안도 하고 그리고 자신의 삶의 방향을 근본을 향하도록 설정하고 그렇게 살 수가 있지 않겠는가?

안타깝게도 현실은 그런 근본이 아직 정해지지 않았거나 없는 것 같다. 아니 그런 근본을 정하기도 전에 금방 새로운 사회의 모습으로 세상이 자꾸 바뀌어 가는 것 같다.

그래서 나는 세상의 근본을 '변화'라는 말로 정리하고 싶다. 그러나 변화라는 것은 결국 무엇을 향한 과정일 뿐 그 자체가 가치를 가지는 것은 아니라고 생각된다. 그러므로 이 시대는 혼돈의 시대이고 하루 빨리 시대와 사회의 흐름에 맞는 새로운 근본이 확립되어야 하는 그런 세상이 아닌가 한다.

지금은 옛날보다 물질적으로는 훨씬 풍요롭고 신체적으로도 건강하다. 그래서 장수하는 세상이 되었다. 그러나 옛날보다 훨씬 행복하다고 느끼는 사람은 별로 없다. 이 모든 것들은 무엇이 근본이고 무엇이 지말인지 알 수가 없는 가치관의 혼돈에서 비롯된 것이 아닌가 한다. 이런 점에서 우리는 각자 그리고 모두가 우리의 삶에서 무엇이 근본이고 무엇이 지말인지 깊이 생각해보고 자기 나름대로 그 근본이라는 것에 가치를 두고 그것을 추구하고 나아간다면, 비록 가치관이 흔들리는 시대이기는 하지만 그래도 우리의 삶이 옛날보다는 훨씬 행복하고 살만한 삶이 되지 않을까 하고 기대해본다. (2015년)

창의적인 사고

왕조시대에는 '역린逆鱗을 건드려서는 안 된다'는 말에서 알 수 있는 바와 같이 절대군주에게 맞서거나 거슬리는 자는 참형을 당하거나 유배를 가는 등 반역자로 낙인이 찍히는 경우가 많았다. 그러나 현대는 왕조시대가 물러가고 자본주의가 세상을 지배하며 과학문명이 우주의 끝을 찾는 시대가 되었다. 그렇지만 역린에 대한 사고와 인식은 우리나라에서는 아직까지 별반 달라진 것 같지가 않다.

우리의 현실에서는 착한 사람, 좋은 사람, 싹수가 있는 사람, 바람직한 사람, 모범적인 사람, 될성부른 사람 등의 말은 주로 긍정적인 사람에 대해서 사용 된다. 또 언제 어디서나 잘 난 사람들의 강연이나 설교 등에서는 항상 긍정적으로 생각하고 긍정적으로 행동하고 긍정적으로 받아들이면 자신도 발전하고 주위의 사람들도 편안하고 또 나라의 발전에도 도움이 된다고 말한다.

그러나 제정일치 시대에는 이전의 사제를 죽이지 않고 사제가 된 자는 거의 없었다. 또 역대의 창업 군주나 개국공신 중에서도 반역하지 않은 자가 누가 있었으며 또 선각자 중에서도 당대의 이데올로기를 거스르지 않은 사람이 어디 있었던가? 그리고 현실에서도 위대한 발명가나 위대한 과학자 중 자신에게 주어진 현실을 부정하지 않고 단지 긍정적으로만 보고 긍정적으로만 행동해서 그러한 발명이나 위대한 업적을 이룬 사람이 어디 있는가?

그러나 반역을 통한 창업주조차도 그들이 권력을 잡은 이후에는 어느 누구도 자신의 반역적 행위를 본받으라고 권장하거나 다른 사람에게 부추긴 군주는 없었다. 뿐만 아니라 오늘 날에도 권력이나 경제적 능력을 가진 자들 중에 반역과 부정을 통해서 권력을 잡거나 부를 축적하지 않은 자는 드물지만 그들 중 어느 누구도 긍정적인 사고와 긍정적 행동을 강조하지 않는 자는 드물다.

그러면 권력과 긍정적 사고와 행동은 일치하는 것인가? 또 요즘 매우 강조되고 있는 창의적인 사고와 긍정적인 사고는 일치하거나 같은 방향의 것인가?

불행하게도 아닌 것 같다. 대부분 역린을 할 수 있어야 창업을 할 수가 있었고 절대 권력도 가질 수가 있었다. 그리고 현실에서도 주어진 현실이나 상황을 부정해야 새로운 현실과 새로운 상황을 만들 수가 있었고 또 정상과학에 도전하고 그것을 부정해야 과학의 새로운 패러다임을 만들 수도 있었다. 뿐만 아니라 주어진 현실을 부정하고 현실에 도전해야만 새로운 미래를 창조할 수도 있었다.

이처럼 현실에 대한 부정과 부정적 사고는 새로운 도약의 시작이자 창의적이고 혁명적인 행동의 단초가 되었다. 그러므로 현실에서 긍정적 사고와 긍정적 행동을 강조하고 부추기는 것은 기득권을 가진 자들이 그들의 기득권을 지키고 안정시키기 위해서 남들을 순화하고 복종시키고자 하는 수단일 뿐인 것 같다. 그들이 말하는 긍정적인 사고와 행동은 그들의 능력 범주 내에서 그들에게 순종함으로써 그들의 안녕과 그들의 부富와 그들의 권력을 유지시켜주는 그런 행동을 말하는 것 같다. 그래서 그들이 말하는 성공은 긍정적인 사고를 가지고 아무리 노력을 해도 그들을 넘어서서는 안 되는 정도의 그런 성공을 말하는 것인 듯하다.

그러므로 새로운 것을 만들고 새로운 세상을 열려고 한다면 당연히 그들을 부정하고 그들을 넘어서야 한다. 때문에 그들의 눈으로 보면 자신들을 넘어서려는 사람들과 행동은 모두 부정적이고 잘못된 사고이고 잘못된 행동이 될 수밖에 없다.

이런 측면에서 보면 결국 부정적인 사고와 행동이야말로 진정한 의미의 창의적 사고와 새로운 창조의 시작이자 출발점이 된다고 할 수 있다. 그렇다고 아무런 대안이나 확고한 신념 그리고 실천적 의지도 없으면서 무작정 모든 것을 부정하자는 것은 물론 아니다. 진정으로 새로운 세상의 창조를 위해서는 부정을 부정으로 끝내서는 안 된다. 부정을 통해 새로운 세상을 설계하고 그러한 세상이 옳다는 것을 증명하고 증명된 결과에 따라 끝까지 실천하는 추진력과 혁신적인 생각을 끝까지 유지하는 것이 중요하다. 뿐만 아니라 기득권을 가진 자들의 회유와 핍박과 협박을 극복하고 넘어서려면 자신의 행동과 사고에 대한 대가도 지불하겠다는 남다른 신념과 의지가 필요하다고 하겠다.

이처럼 새로운 창조와 창의적 사고는 모든 삶의 현장에서 지금 자기가 처해 있는 현실을 부정하고 새로운 것을 추구할 때에만, 그리고 그 대가를 지불할 의지가 있을 때에만 가능할 수 있다고 하겠다. 뿐만 아니라 단순히 순종하고 긍정하며 기존의 카테고리 안에서 안주하려고 한다면 영원히 새로운 것도 새로운 삶도 더 이상의 창의적인 발전도 있을 수 없다는 것이다.

이런 점에서 앞으로 우리들은 현실에 도전하고 현실을 부정하는 행위를 두려워하거나 백안시해서는 안 될 것 같다. 또 기존의 현실에 순응하고 그것만을 지키려고 하는 것은 가진 자와 현실을 지배하는 자들의 논리에 의지하여 호가호위하거나 오십보백보하는 행위라는 것도 인식해야 할 것 같다. 뿐만 아니라 현실에서 성공하고 새로운 세상을 창조하려면 자신이 사회라는 울타리와 현실이라는 껍질에서 벗어나 번데기가 나방이 되는 환골탈태의 새로운 사고를 지향하는 것이 필요하다고 하겠다.

그런데 요즘 교육이나 사회현실에서 가장 강조되는 것이 창의적인 사고와 행동이다. 그러면서도 다른 한편으로는 항상 긍정적인 사고와 긍정적인 생활태도를 유지해야 한다고 한다. 이렇게 모순되고 이치에 맞지 않는 사고와 말이 어디 있겠는가? 진정한 창의는 일단 주어지거나 만들어져 있는 현실을 부정하고 현실과 다른 것이나 새로운 것을 추구할 때에만 나타날 수 있는 것이 아니겠는가?

그러므로 새로운 세상을 창조하는 창의적인 사람이 되기 위해서는 결국 주어진 현실을 부정할 수 있는 용기와 사고를 가진 부정적인 사람이 되도록 노력해야 한다는 것이다. 그래야만 미래에 새로운 세상을 창조하고 새로운 사회에서 성공하고 입신할 수 있는 새로운 사람이 될 수 있기 때문이다.

이런 점에서 교육자들은 교육의 패러다임에서, 사회적 지도자들은 사회의 패러다임에서 긍정적인 사람을 창의적인 사람이라는 말로 호도糊塗하지 말고 창의적인 사람이 되려면 부정적인 사고를 가진 사람이 되자고 바로 가르쳐야 하지 않을까 하고 짐짓 어깃장을 놓아본다. (2016년)

발足

나는 샤워를 할 때 비누를 칠하는 순서가 남들과 좀 다른 것 같다. 나는 먼저 몸 전체를 물로 씻는다. 그 다음에 머리와 얼굴에 비누칠을 해서 비누 거품을 낸 뒤에 그 거품을 모아서 다시 발에 비누거품을 입힌다. 그 다음에 물로 머리와 얼굴과 발을 씻고 몸통은 그 뒤에 따로 비누칠을 해서 씻는다. 이런 순서로 샤워를 하는 것은 발을 몸통과 함께 비누칠해서 씻는 것은 불결하다고 생각했기 때문이다.

샤워가 끝난 뒤에는 새 수건으로 얼굴과 머리와 몸통을 닦은 뒤에 발은 화장실 문간에 개어 두었던 발수건으로 대충 닦는다. 그리고 다른 수건은 한 번 사용하면 다시 세탁하지만 발수건은 그냥 개어 두고 몇 번씩 다시 쓴다. 그리고 미용을 할 때도 머리와 얼굴 그리고 몸통 등은 로션 등으로 피부 보호나 미용을 위해 나름대로 조치를 한다. 그러나 발은 항상 그러한 미용에서 제외되거나 관심을 주지 않는다. 이처럼 발은 다 같은 내 신체의 일부이면서도 다른 부위에 비해 항상 무시당하고 제외당하고 관심 밖의 존재로 취급을 받는다.

그러다가 어느 날 샤워를 하면서 발에 비누 거품을 바르다가 깜짝 놀랐다. 발에서는 다른 부위에서 느끼지 못했던 딱딱함과 거칠거칠함과 칙칙함이 느껴졌기 때문이다. 즉, 엄지발가락 옆과 발뒤축 그리고 발의 모서리 등은 굳은살이 뭉쳐져서 딱딱해져 있고 발뒤축은 조금씩 갈라져 있었으며 발등은 여름 내내 맨발로 샌들을 신고 다녔기 때문인지 다른 부위에 비해 유독 새까맣게 변색이 되어 있었다.

안타까운 마음에 샤워를 끝낸 뒤 발톱을 정리하다가 발을 어루만지면서 생각해본다. 나는 왜 발을 이렇게 홀대하고 무시하고 함부로 대하는가? 등등을 생각하며 여러 측면으로 발에게 미안하고 안타까운 생각이 들었다.

생각해보면 우리 몸 중에서 발만큼 우리에게 기여하고 고통을 감내하는 부위도 없는 것 같다. 발은 우리가 아침에 일어나면서부터 하루 종일 우리의 몸무게를 오로지 혼자 감당하며 더러운 곳이나 힘든 곳이나 가리지 않고 우리가 가고자 하는 곳은 어디든지 불평 없이 항상 먼저 간다. 그러면서도 추우나 더우나 항상 양말 등으로 자신의 모습을 감춘 체 주인의 능력에 따라 약간의 차이가 있기는 하지만 겉만 번지르르하고 멋진, 신발 속에서 온종일 신음하고 고통을 당하고 괴로움을 겪는다.

물론 다른 부위는 발보다 역할이 적거나 필요 없거나 없어도 되는 그런 부위라는 말은 아니다. 우리의 몸은, 손은 손대로 머리는 머리대로 모든 부위는 나름대로의 역할이 있기 때문에 어느 부분이라도 없어서는 안 되는 존재이며 또 어느 부위라도 없어지면 문제가 생기는 그런 유기체다. 그러나 부위마다 담당하는 역할과 비중과 경중에 있어서는 약간의 차이가 있는 것 같다. 그러므로 부위에 대한 대접도 그 역할과 비중에 따라 대접을 받는 것이 마땅하고 타당하다고 할 수는 있을 것 같다.

그러나 실제에 있어서는 부위에 대한 대접이 공평하거나 경중에 따라 타당하게 대접을 받는 것 같지는 않다. 얼굴을 구성하고 있는 여러 요소들은 항상 밖으로 드러나 있어서 남의 눈에 잘 띄기 때문인지 다른 부위에 비해 특별히 더 큰 역할을 담당하지 않는데도 불구하고 대접은 가장 융성하다. 그러나 그 이외에 옷에 가려져 있거나 눈에 잘 띄지 않는 부위는 그 역할이 눈에 띄는 부위에 비해 적지 않음에도 불구하고 그 대접은 항상 훨씬 소홀한 것 같다. 이 얼마나 불합리하고 잘못된 생각이고 태도이겠는가?

특히 발은 우리의 신체 중에서도 위치적으로 가장 낮은 곳에 있고 항상 땅과 접하고 있기 때문에 더러운 것들과 가장 가깝다. 또 하루 종일 몸 전체의 체중을 두 발로 지탱해야 하기 때문에 가장 힘들고 어려운 일을 담당한다고 할 수도 있다. 그러므로 발의 역할로만 본다면 발은 신체 중에서도 가장 대접을 잘 받고 가장 존중되어야 마땅하다. 그러나 발은 오히려 가장 홀대 받고 가장 천시당하고 가장 무시당하는 몸의 부위라고 할 수 있을 것 같다.

그런데 이러한 우리의 모순된 태도는 신체의 일부인 발에만 국한 된 것은 아닌 것 같다. 우리 사회에서도 말단인 최 하층민들 즉, 돈 많은 귀부인에 의해 무릎꿇림을 당하는 백화점 종업원, 젊은 아파트 주민에게 뺨을 맞는 늙은 아파트 경비원, 길가는 사람들에 의해 아무 이유도 없이 무시당하는 환경미화원, 사장에게 이유 없이 구타당하는 운전기사, 사장에게 온갖 수모를 겪으면서도 해고 될까 무조건 머리를 조아리는 회사 종업원 --- 등등도 그 위치와 역할로 본다면 우리 몸의 발과 같은 존재라 할 수 있을 것이다.

이들도 발처럼 우리 사회의 더럽고, 추하고, 싫어하고, 힘들고, 천하게 여기는 모든 일들을 수행한다. 그러나 이들은 열심히 일하고 노력하면 할수록 우리 몸의 발처럼 오히려 다른 사람들로부터 못난 사람, 그래서 무시당하고 천시당해도 마땅한 사람, 또는 누구나 함부로 대해도 되는 그런 최 하층민 혹은 말단이라고 여겨지는 경우가 많은 것 같다.

그런데 의학자들에 의하면 '발은 제 2의 심장이다.' 혹은 '발은 각 신체 부위에 해당하는 반사점이 들어 있다.' 또 '발은 신체의 축소판이다.' 하여 신체의 건강을 진단하거나 발의 건강을 통해 신체의 건강을 도모하기도 한다. 뿐만 아니라 발이 건강해야 신체도 건강하다고 한다.

이런 점에서만 보아도 우리의 발과 사회의 하층민에 대한 지금까지의 사고가 얼마나 잘 못되었는지 금방 알 수 있다. 그러므로 나는 지금까지 발과 같은 사람들에 대해 잘난 것도 없이 우월감을 가졌고, 이유도 없이 무시했고, 근거도 없이 백안시했던 그런 마음과 태도를 반성한다. 그리고 앞으로는 내 발과 또 발과 같은 존재에 대해, 그리고 그들의 역할과 수고에 대해 더욱 감사하고, 더욱 겸손하며, 또 발과 다른 부위가 근원적으로 평등하고 오히려 더 소중한 역할을 담당한다는 것을 제대로 인식하도록 노력해야겠다. 뿐만 아니라 자본주의에 편승한 저급한 계급주의와 힘없고 돈 없는 사람들을 무시하고 천시하는 알량한 소아적 자존심과 우월감도 배격해야겠다. 또 제일 낮은 곳에서 제일 힘든 일을 묵묵하게 수행하는 발과 같은 존재들의 노력과 봉사에 대해 항상 감사하고 존중해야겠다고 다짐해본다. (2016년)

천리향

우리 집에는 허름한 화분에 제 멋대로 자라서 외형조차도 못생긴 꽃나무 한 그루가 있다. 내 여동생이 향이 좋다며 선물로 사다 준 자그마한 천리향 꽃나무다. 꽃이 지고 난 뒤에는 그 초라한 모습 때문에 누구의 관심도 끌지 못하지만 생명을 그냥 죽이거나 버릴 수가 없어서 베란다 한 구석에 그냥 놓아두었다.

원래 천리향은 사철 나무과에 속하는 식물인지는 알 수 없지만 우리 집에서는 일 년 내내 나뭇잎이 떨어지지 않는다. 베란다 한 구석에 아무렇게나 방치해 두었다가 난초 화분이나 다른 꽃들에 물을 줄 때 덤으로 가끔 물을 줄 뿐이다. 그러던 어느 겨울날 아침에 창문 앞에 서서 바다를 내려다보다가 이상한 향기에 기분이 매우 상쾌해지고 좋았다. 그래서 그 향기가 어디서 나는 것일까 하고 찾다가 여러 화분 중에서 가장 구석진 곳에 박아두었던 작은 화분에서 향기가 난다는 것을 알았다. 살펴보니 그곳에는 나뭇잎 사이로 수줍은 듯이 몇 송이의 꽃망울을 내밀고 있는 천리향이란 나무가 있었다.

그러나 설마 저런 나무와 꽃에서 이렇게 좋은 향기가 날까 의심하면서 코를 가까이 대고 그 냄새를 맡아 보았다. 그러다가 깜짝 놀랐다. 이제까지 내가 맡아본 꽃향기 중에서 이렇게 진하고 멋진 향을 풍기는 꽃은 본 적이 없었기 때문이다. 기쁜 마음에 자세히 살펴보니 여전히 변변치 않은 짙은 녹색의 이파리 속에 아주 작은 여러 개의 꽃망울이 있고 그 꽃망울 속에는 또 다시 수십 개의 작은 꽃망울들이 옹기종기 함께 모여 있었다.

그리고 그 향기는 가까이서 맡을 때의 진함보다는 멀리 떨어져서 바람결을 따라 전해오는 듯 마는 듯 코끝을 스치는 향긋함이 더욱 머릿속과 마음을 시원하게 자극했다. 꽃이 핀 후부터 질 때까지 끊임없이 풍기는 그 향기에 이끌려 시간이 날 때마다 나도 모르게 기분 좋은 시선을 그 쪽으로 보내고 또 코를 벌씬 거리며 그 향기가 어디로 사라지지나 않을까 염려하며 꽃향기를 맡으려고 애를 썼다.

아무렇게나 방치해 두어도 한 해도 그르지도 않고 꽃을 피우고 향기를 풍기는 것이 가상하고 또 그 향기가 하도 신기하고 매력적이어서 작년에는 제멋대로 뻗어간 가지를 어느 정도 잘라주고 또 그 나무의 크기에 적당한 화분으로 분갈이를 해주었다. 그리고 그 향기를 사랑하고 기억하는 나로서는 그 향기를 위해 이전보다는 상당히 많은 정성을 쏟았다. 지난해에는 거름도 특별히 많이 주고

자리도 다른 화분보다 햇살이 좋은 곳에 배치하는 등 여러 가지로 배려를 했다.

그런 정성이 통했던지 12월이 지날 때쯤 되면서 화초에 물을 주다가 보니 언제 생겨났는지 알 수는 없으나 천리향의 나무 이파리 사이사이와 줄기 곳곳에 꽃망울이 맺혀 있었다. 그래서 꽃이 피었을 때의 그 아름다운 향기를 생각하며 특별 관리에 들어갔다. 며칠이 지나자 아직 봄이 오지도 않았는데 꽃망울들이 점점 커지면서 곧 망울을 터뜨릴 것 같았다. 그러나 올해는 10여년 사이에 처음 보는 강추위가 일주일 넘게 맹위를 떨치고 있었다. 그래서 혹시나 꽃 봉우리가 상하지나 않을까 걱정이 되어서 난초 몇 분과 함께 실내로 옮겨 햇볕이 가장 잘 드는 곳에 놓아두었다.

그러나 겨울에 꽃망울이 맺힌 것 이외에는 특별한 생김새나 빛깔 등이 없기에 집안 식구들 중 어느 누구에게도 특별한 관심을 끌지는 못했다. 마찬가지로 꽃나무도 사람들에게는 정말 아무런 관심도 없는지 시간이 한참이나 지나도록 나뭇잎 사이에 맺힌 꽃망울이 좀 더 커지고 색깔이 좀 더 짙어질 뿐 꽃이 피거나 향기가 풍겨날 기미는 여전히 없었다.

그래도 내 마음속에는 이미 꽃향기가 온 집안을 가득 채운 듯 한 기분이어서 혹시 추위에 얼지나 않을까 걱정 되어서 난초 등을 제치고 거실에서도 햇살이 가장 좋은 곳으로 천리향을 옮겨 주었다. 그 후 시간이 좀 더 지나자 천리향은 조금씩 꽃망울이 더 커지고 색이 짙어지더니 어느 날 갑자기 꽃향기가 강해지면서 마침내 꽃망울을 터뜨렸다. 그리고 순식간에 거실 전체는 물론 집안 전체를 꽃향기로 가득 채웠다.

나는 소파에 깊숙하게 기대고 앉아서 지그시 눈을 감고 은은한 꽃향기를 음미하며 그 모양과 색깔과 향기에 취해 지금까지 느끼지 못했던 새로운 감흥과 열락의 기쁨을 억제할 수가 없었다. 은은하면서도 진하고 선선하면서도 달콤하고 시원하면서 담백한 그 향기에 매료되자 그 향기의 근원인 그 꽃나무의 생김새와 특성에 대해서도 저절로 새로운 관심이 생겨났다.

그러나 아무리 살펴봐도 천리향은 그 생김새가 특별하지도 잘생기지도 못했다는 생각은 여전했다. 그렇지만 천리향은 자신의 생김새 때문에 항상 구박을 당하고 천시 당하는 것을 자기의 분수로 받아들이고 베란다 한 구석을 자기의 당연한 자리로 여기고 또 꽃이 필 때까지 그러한 처지에 한마디 불평조차 하지 않기 때문에 오히려 그 초연함과 겸허함과 수수함이 더욱 돋보이는 것 같았다.

뿐만 아니라 '화무십일홍'이라는 말에서 알 수 있는 바와 같이 무궁화와 백일홍을 제외하고는 어떤 꽃도 백일 넘게 그 아름다움을 유지하는 꽃은 드물다. 그러나 천리향은 12월 말에 꽃이 피어서는 3월하고도 중순까지 처음의 싱싱함은 조금씩 줄어들긴 하지만 그래도 그 향기는 여전하고 꽃도 여전하다. 이처럼 천리향은 그 향기의 은은함과 멀리까지 전해지는 특성 못지않게 오랜 기간 그 향기를 잃지 않는 그 끈질김과 참을성과 인내심을 지니고 있다. 마치 소박하면서 후덕하고 그래서 더욱 기품이 있는 조선조 사대부가의 여인네들처럼.

이처럼 천리향은 눈에 띄지 않은 외모와 아무렇게 대접해도 튼

튼하게 잘 자라는 성품 때문에 오히려 사람들의 사랑을 받지도 못하고 관심을 받지도 못한다. 그러나 남들이 모두 움츠려드는 삭막한 겨울철에 오히려 당당하고 풍성하게 꽃을 피우고 그 향기를 천리 밖으로까지 풍기는 그 후덕함과 은은함과 소박함과 꿋꿋함은 봄철의 화려한 벚꽃이나 여름철의 요염한 장미들과는 처음부터 비교의 대상이 아닌 것 같다.

나는 지그시 눈을 감고 코끝을 스치는 알쏭달쏭하고 알듯 모를 듯 한 향기를 음미하며 하나보다는 여럿이 모여서 더 아름답고 겉으로 드러나지는 않지만 그 향기가 천리까지도 전해진다는 이 향기가 정말 천리를 넘어 이 세상 모든 사람들의 가슴속에도 전해질 수 있다면 얼마나 좋을까 생각해본다. (2016년)

초지일관과 후회막급

삼국지란 소설을 읽어보면 유비가 오나라를 공격했다가 육손에게 대패한 뒤 화병으로 죽게 되었을 때 백제성으로 제갈공명을 불러서 말하기를,

"내가 처음 삼고초려하여 그대를 모셔왔을 때는 항상 스승으로 모시고 그 뜻을 따르겠다고 했다. 그러나 그대의 도움으로 서촉의 왕이 된 후에는 오만한 생각이 들어서 그대의 말을 잘 듣지 않았고 또 듣기를 싫어하게 되었다. 그래서 그대의 만류에도 불구하고 내 마음대로 대군을 이끌고 동오를 정벌하러 나섰고 또 그대를 데려가지도 않았다. 그 결과 대패하고 나라가 망하게 되었다. 이제 와서 후회해도 때가 늦었다"고 했다.

이처럼 우리는 일상생활에서도 처음 먹은 마음을 끝까지 지키는 경우가 드물고 특히 상황이 처음 시작할 때와는 달리 어느 정도 성

공을 거두게 되면 자신도 모르게 자만과 오만한 마음이 들어서 초심을 잊어버리고 개구리가 올챙이 적 시절을 잊어버리듯이 함부로 행동하게 된다.

그렇게 되었을 때 십중팔구는 거의 대부분 자신의 작은 성공마저도 망치게 된다. 그리고 자기의 모든 일을 망치고 나서야 자신의 행동과 건방진 생각 등을 후회하고 다시 자신의 오만을 부끄러워하지만 이때는 이미 때가 늦어서 돌이킬 수 없는 상황이 되고 만다.

이런 점에서 유비의 후회막급은 정말 후배들에게 귀감이 되고 자신을 되돌아볼 수 있게 하는 처절한 자기반성의 말이라는 생각이 든다. 그래서 우리는 이러한 상황을 항상 타산지석으로 삼아야 한다고 말하고 또 그래야 된다는 것을 잘 알고 있다. 그러나 그렇게 하지 못하는 것이 우리 삶이고 또 우리의 보편적인 행동인 것 같다.

그러나 다른 한편으로 생각해 보면 유비의 이러한 말은 자신이 실패했기 때문에 나온 말이지 성공했다면 나오지 않았을 말이고 또 이런 말은 일반적으로는 맞는 말이지만 다 맞는 말은 아니지 않는가 하고 어깃장을 놓고 싶기도 하다. 왜냐하면 유비가 죽고 난 후 제갈 공명이 전권을 쥐고 자기가 마음대로 군대를 움직일 수 있었을 때도 결국 천하통일은 이루지 못했고 또 전장에서 비극적으로 죽었다는 점에서 그렇다.

뿐만 아니라 역사나 소설 속이 아닌 현실에서도 그런 것 같다. 나 자신도 국문학자로서 교수가 되고 훌륭한 논문을 써서 역사에 남는 인물이 되겠다는 소망을 가지고 그 소망을 위해 오로지 한길로만 갔고 인생의 다른 모든 것은 그것을 위해 다 던졌다.

이처럼 나도 나름대로는 하나의 목표를 위해 나의 모든 정성과 노력을 다했고 초심을 잃지 않고 20여년을 불철주야 노력했다. 한 번도 다른 일에 곁눈질을 보낸 적도 없고 다른 소망을 가져보지도 않았다.

그러나 결과는 참담했다. 대학원을 진학할 때는 대학의 정원이 확대 되면서 거의 모든 사람들에게 기회의 문이 활짝 열리는 것 같았다. 그러나 막상 학위를 받을 무렵에는 정원확대의 부작용이 나타나기 시작하면서 대학마다 정원 축소의 움직임이 일어났고 교수 임용에도 40세란 나이의 제한이 암암리에 원칙이 되어버렸다. 그래서 만 39세에 학위를 받은 나로서는 소망을 이룰 기회조차 갖기가 어려웠다. 뿐만 아니라 학벌을 중시하는 사회에서 대학의 학벌이 좋지 않았던 나로서는 그것을 실패의 핑계와 모멸을 합리화하는 수단으로 삼을 수밖에 없는 처지가 되었다.

이처럼 태생이 좋지 않거나 자기가 처한 시대적 환경과 자신의 능력과 분수를 제대로 알지 못하면서 무턱대고 대망을 가지고 그것을 이루겠다고 초지일관하거나 단지 열심히 노력만 한다고 자신의 목적을 달성할 수 있는 그런 세상은 이미 아니다. 속담에 '우물을 파려거든 한 우물을 파라'는 말이 있다. 그러나 이런 말도 물이 있는 곳을 잘못 선택한 우물 파기라면 그것은 죽을 때까지 파보아도 결국 자신을 묻을 구덩이가 될 수밖에 없다는 그런 현실을 모르고 하는 말이 되어버렸다.

이처럼 초지일관이나 초심을 잃지 말아야 된다는 말도 따지고 보면 결과에 따른 평가의 말이지 현실이나 일상적인 삶의 현실과는 이미 거리가 먼 말이 되어버렸다. 뿐만 아니라 눈 깜빡할 사이에 패러다임이 변하는 세상에서 초지일관이란 말은 너무 속도감이 없고 변화에 적응하기 어려운 자세가 된 것 같다.

그러므로 인생에 있어서도 성공하기 위해서는 변해가는 시대적 상황과 트랜드에 맞게 자신이 언제든지 변할 수 있는 유연한 마음 자세를 가져야 할 것 같다. 뿐만 아니라 개구리가 올챙이 적 모른다는 비난의 말도 생각해 볼 일이다. 즉, 개구리와 올챙이는 노는 물과 사는 방식과 사는 위치가 다르다. 그런데 개구리가 올챙이 때를 생각하며 올챙이와 같은 행동을 한다면 개구리 사회에서 살아남거나 더 이상 다른 것으로 발전할 수는 없을 것이며 더 이상 개구리가 될 수도 없을 것이다.

올챙이는 올챙이고 개구리는 개구리일 뿐이다. 그러므로 우리는 변하고 새로워진 자신의 현실에 자신을 맞추고 그곳에서 자신을 새롭게 일구어갈 새로운 정신과 삶의 자세와 태도가 필요한 것이지 과거의 영화나 지난 시절의 후회 등으로 자신을 묶어두어서는 크게 발전하기 어렵다는 생각이 든다.

즉, 유비의 후회막급한 탄식은 일리는 있으나 변화된 오늘날의 입장에서 보면 다 맞는 말은 아니라는 것이다. 왜냐하면 유비가 모든 것을 끝가지 공명의 말만 듣고 그의 뜻대로 행동했다면 그가 그렇게 소망하던 천하통일은 이룰 수 있었을지는 모른다. 그러나 그렇게 했다면 유비는 공명의 꼭두각시일 뿐 독립적인 왕이 될 수도 없었을 것이고 그 성공은 진정한 의미에서 그의 성공도 아닐 것이며 그의 업적과 성취도 거의 의미가 없게 되었을 것이다. 그러므로 초지일관 했을 때도 유비가 죽음을 앞둔다면 자신의 인생을 돌아보며 다시 '후회막급'이라고 말했을 것으로 추측된다.

이런 점에서 성공과 실패 등은 결과론적이고 상대적이며 또 운명이고 팔자일 뿐이지 그의 선택과 잘못된 생각이거나 초지일관하지 않았기 때문 만이라고 할 수는 없다는 것이다.

그러므로 모사재인謀事在人 성사재천成事在天이란 말도 있다는 것을 생각하며 우리도 성공과 실패에 너무 연연하지 말고 결과는 모두 운명에게 던져두고 변화하는 시대에 유연하게 대응하며 자신의 소망과 목표를 향해 자신의 의지대로 일로매진一路邁進하는 것이 더 바람직하지 않을까 한다. (2015년)

꽃 사태

구덕산에는 벌써 개나리와 진달래와 벚꽃이 어우러져서 꽃사태가 났다. 내려오면서 보니 산 밑에는 연두색 단풍나무가 새 손을 내밀며 한창 봄을 맞이하고 있다. 너무 싱싱하고 너무 보드랍고 너무 깨끗하고 너무 고와서 온갖 아첨으로 찬양하고 싶지만 말이 오히려 그 싱그러운 아름다움을 더럽힐까 걱정이 될 정도다.

인가로 내려오면 담 너머로는 목련이 우아한 자태를 자랑하고 길거리와 공공건물에는 어김없이 벚꽃이 만발했다. 당분간은 우리나라가 남쪽에서부터 북쪽으로 올라가며 점차적으로 전해지는 꽃 소식과 꽃향기와 꽃 귀신에 정신을 잃어서 정신이 혼미해질 것만 같다.

그러나 안타깝게도 花無十日紅이라는 말처럼 요즘은 웬일인지 여름 장마도 아닌데 2-3일씩 연속적으로 봄비가 내려서 꽃을 시샘

하는 듯 그 아름다움이 열흘은커녕 일주일도 가지 못하는 것 같아서 너무 안타깝다.

그런 만큼 봄이 되면 꽃들은 꽃대로 자신의 아름다움을 최대한 발휘하며 잠시나마 자기 생의 최고 경지를 이룬다. 그리고 꽃 사이에 노니는 새들도 평생 그들이 갈고 닦은 모든 기량을 총 동원하여 목청껏 노래하며 서로 다른 이성을 부르고 유혹한다. 그들의 노래 소리는 평소보다 훨씬 더 찰지고 윤기가 나며 매끄럽게 기름기가 흐른다. 뿐만 아니라 그 나무 밑을 기고 있는 짐승들도 겨울을 이겨낸 자부심과 종족보존에 대한 갈망으로 온갖 괴성을 지르며 서로가 서로를 유혹하며 생의 가장 치열하고 멋진 시간을 보내고 있다.

그러나 우리 인간들만 아직도 봄을 느끼지 못하거나 아직 봄이 오지 않은 것 같다. T . S 엘리엇의 '황무지' 란 시를 떠올리지 않더라도 세상은 불경기에 허덕이고 또 먹고 사는 문제가 아니라도 개인적인 욕망 등에 의해 끊임없이 갈등하고, 투쟁하고, 서로가 서로를 견제하며 다투고 있다. 또 세계적으로는 인류의 역사가 시작된 이래 어느 하루도 전쟁이 없이 지낸 날은 없다고 할 만큼 무슨 핑계를 대어서라도 지구의 한 모퉁이에서는 서로 죽이고 죽는 전쟁이 끊임없이 계속되고 있다.

그래도 옛날에는 전쟁을 할 때도 민간인들에게는 피해가 가지 않게 하거나 피해가 적게 가도록 노력하는 것이 그래도 신사적인 행동인 것처럼 여겨졌다. 그러나 요즘은 탈레반이나 IS와 같은 무리들은 오히려 민간인들을 방패로 삼거나 민간인을 타켓으로 삼아 쉽게 학살하고 공포를 조성하여 그들의 힘을 과시하고 상대를 굴복시키려는 온갖 잔인한 방법들이 판을 치고 있다.

과연 이들은 무엇을 위해 무엇을 추구하려고 이런 짓을 하는 것일까? 그들은 자기 자신들의 자유와 권리와 자기 민족과 자기들의 신념을 지키고 자신들과 뜻을 같이하는 사람들의 행복한 삶을 위해서라고 말한다. 물론 부당하게 박탈당하거나 억울하게 침해를 당했다면 자기 민족과 자신들의 신념을 지키기 위해 싸우는 것은 상당히 정당성이 있고 일리도 있다. 그러나 명목만 그렇고 실지로는 소수 지도자들의 끝없는 권력욕과 탐욕을 민족과 그들의 신념으로 포장하여 개인적인 사리사욕을 채우려고 하는 것이라면 어떤 변명으로도 그들의 행동은 정당화 될 수가 없다.

뿐만 아니라 그들은 그들의 민족과 권리와 신념을 지키기 위해서 상대방을 죽이고 없애야 한다고 말하지만 상대의 처지에서 보면 그들도 서로 마찬가지의 입장이란 것도 생각해 보아야 할 것이다.

이런 점에서 본다면 자신들의 자유와 권리를 위해 다른 민족의 권리와 자유를 침해하는 것은 아무리 양보를 한다고 해도 그들의 주장은 일고의 가치도 없는 이기적이고 자기중심적인 사고에서 나온 괴변에 불과하다고 하겠다.

설령 자기 민족과 자기들의 신념이 부당하게 침해당하고 핍박당하고 있다 치더라도 평화적으로 해결하고 공존할 방법을 모색해야 할 것이지 상대를 제압하고 제거한 뒤에 자기들만 살아남겠다고 하면 어느 누가 가만히 앉아서 당하기만 하겠는가? 상대방도 살아남기 위해서 똑같이 대응할 수밖에 없다는 점에서 이것은 힘의 논리에 의한 정당성 확보 이외에는 어떤 해결 방법도 없는 행위라 하겠다. 이런 점에서 대를 위해 소를 희생해야 한다면, 아니 우리도 살아남기 위해서는 이들을 소탕하지 않을 수 없게 될 것이다.

그러나 이러한 논리와 방법은 실제로는 문제를 일으키는 자들과 똑같은 논리이고 방법일 뿐 근본적인 해결책은 되지 못한다. 왜냐하면 제압된 그들은 항상 권토중래를 꿈꿀 것이고 언젠가 힘이 생기거나 힘의 우위가 무너지면 언제든지 평화를 파괴하고 과거와 똑같은 문제를 다시 일으킬 수 있기 때문이다.

그러므로 지속적이고도 확실한 평화와 갈등이 없는 진정한 평화를 가져올 수 있는 방법은 힘을 가진 자가 먼저 손을 내밀고 용서를 통한 화해를 이루어내어야만 하는 것이지 힘을 앞세워서 서로 억누르려고 하는 것은 임시방편이자 상대에 대한 또 다른 폭력이 될 뿐이라는 것이다.

봄을 맞아 만물이 소생하고 생기가 충만한 이런 계절에도 오로지 인간만이 계절의 축복을 누리지 못하고 겨울과 같은 암담한 상황에서 서로 죽이고 피를 흘리며 고통을 감내해야 한다는 것은 정말 안타깝고도 불행한 일이 아닐 수 없다.

인간의 심성이 왜 이렇게 사악하고 이기적으로 되었는가? 그렇게 이기적으로 되었기에 더 많이 가지게 되었고 그로 인해서 더 행복하게 되었는가? 아닐 것이다. 오히려 욕심을 내려놓고 마음을 비웠을 때 더욱 행복하고 기쁘다는 것을 우리 모두는 느끼고 깨달아서 이미 잘 알고 있다. 그러면서도 실천하지 못하는 것은 무엇 때문일까? 그것은 아마도 내가 먼저 욕심을 내려놓았다가는 나만 손해를 보게 될지도 모른다는 상호 불신에 바탕을 둔 지극히 소아적인 사고 때문은 아닐까?

우리도 빨리 모든 불신과 질시와 미움의 마음을 걷어내고 서로 용서하고 이해하고 화해하며 모두가 하나 되어 봄날의 생기처럼 삶의 기쁨이 충만하고 삶의 활기가 넘치는 그런 세상이 된다면 얼마나 좋을까?

요즘처럼 약동하는 봄의 기운과 봄볕을 보면 마음속에 일어나는 기쁨과 충동은 끝이 없다. 그러나 현실을 돌아보면 그뿐. 자연과 봄의 생기와 생명력은 어디론가 사라져버리고 아귀처럼 헐뜯고 싸우며 자신의 이익을 위해 어떻게 하면 상대를 무너뜨릴까. 아니면 내가 밟고 올라설까. 등만을 생각하는 우리의 모습이 되고 만다. 정말 안타깝고 통탄스러울 뿐이다.

이렇게 자연이 아름답고 봄의 생기가 천지에 충만할 때 우리는 봄을 핑계 삼아서라도 우리 모두 한 번쯤이라도 마음을 비우고 내가 먼저 아집과 집착과 욕심을 내려놓고 자연과 하나가 될 수는 없는 것일까? 그래서 서로가 서로를 용서하고 축복하는 마음을 가지면 안 되는 것일까 하고 봄을 맞아 꽃 사태에 취하고 꽃향기에 취해서 나도 모르게 주제 넘는 말을 자꾸 곱씹어본다. (2016년 3월)

어제 같은 나의 오늘

아침에 눈을 껌뻑이며 시계를 본다. 아침 6시다. 옆을 본다. 아내가 아직 잠을 자고 있다. 혹시 뒤척이다가 아내가 잠을 깨면 짜증을 부리며 잔소리를 할 것 같다. 나는 가만히 숨을 가다듬으며 다시 눈을 감고 잠을 청해본다. 잠이 오지 않는다. 한참 지나니 등이 아픈 것 같다. 옆으로 돌아누워 본다. 이제는 목이 아프고 한쪽 어깨까지 결린다. 어쩔 수 없이 최대한 조용하게 일어나 앉는다. 벌써 밖에는 여름 햇살이 눈부신다.

나는 소리를 죽이며 거실로 걸어 나가서 TV를 켠다. 방송 채널마다 어제와 비슷한 뉴스가 재탕되어 흘러나온다. 재미도 없고 심심하다. 화장실을 다녀와서 거실 밖에 나가 송도 바다와 남항대교 위를 숨 가쁘게 달리는 차와 그 밑을 열심히 오가는 작은 어선들을 바라본다. 그것도 심드렁하다. 아내를 깨워 아침밥을 얻어먹어야겠다.

아내의 짜증을 즐거운 노래삼아 아내를 흔들어 깨운다. 아침이 저물어간다. 아내가 아침을 준비하는 동안 나는 창문을 열어서 환기를 하고 이부자리를 정리한 뒤 베란다에 나가서 화분의 화초를 살펴보고 집안 청소를 할 것이 있으면 청소도 하고 쓰레기 분리수거 날에는 분리수거도 한다.

혈압약을 먹고 아침밥을 기다리며 그냥 소파에 앉아 TV를 본다. 잠시 후 아침을 먹으러 오라는 아내의 호통 소리가 들린다. 나는 벌떡 일어나 말없이 슬며시 식탁으로 가서 또 말없이 그냥 아침을 먹는다. 식후에는 아내의 눈치를 보며 슬그머니 커피포트에 물을 끓여서 혼자 커피 한잔을 들고 거실로 가서 다시 TV를 본다. TV도 어제 저녁에 본 것 이외에는 별로 볼 것이 없다. 이리 저리 채널을 돌리다가 심드렁하면 서재로 들어와 컴퓨터를 켠다. 한참 동안 올 곳도 없는 메일을 확인하고 인터넷의 이곳저곳을 방문하다가 내 블로그 관리에 들어간다. 이웃 블로그를 방문해서 댓글을 달고 또 내 블로그 방문자들에게 감사의 멘트를 보낸다. 그러다가 그것도 재미가 없으면 주식 방송을 듣거나 손해만 보고 있는 주식을 보며 속으로 온갖 욕설을 퍼붓기도 하고 또 어떻게 하면 큰돈을 한 번 벌어볼 수 있을까 머리를 굴리며 계속 주식 사이트를 검색해본다.

벌써 시간이 10시가 넘었다. 아내의 눈치를 보며 다시 거실에 나가서 TV 앞에 앉는다. 아내와 함께 TV를 본다. 점심때까지 나는 거실의 TV와 컴퓨터를 오가며 무료하게 지난 드라마를 다시 보거나 아내의 눈치를 보며 바둑 채널의 전문가 바둑을 잠시 보기도 하고 아니면 중국 드라마 채널을 통해 중국의 전통 사극 등을 본다.

그러나 아내는 거의 매일 무슨 핑계가 그렇게도 많은지 대부분 계모임을 가고 나는 혼자 앉아 TV와 컴퓨터를 친구 삼아 그냥 시간을 보내는 경우가 많다.

점심때가 되었다. 때가 되었으니 무엇인가 먹어야겠는데 입맛이 별로 없다. 어제처럼 그냥 라면이나 하나 끓여먹어야겠다. 00라면을 먹을까 00짜장을 먹을까 고민하다가 물이 끓으면 먼저 손에 잡히는 놈을 가져가서 그냥 끓여서 먹는다.

점심을 먹었으나 또 딱히 할 일도 없다. 다시 컴퓨터를 상대로 주식 상황을 살펴본다. 내가 보거나 보지 않거나 주식은 항상 나에게 불리하게만 진행되는 것 같다. 스트레스를 받다가 시계를 본다. 오후 3시가 다 되어 간다. 주식 시장이 끝나지 않았지만 더 이상 보고 있어도 별반 달라질 것 같지가 않다. 그냥 운동이나 가야겠다. 그런데 산으로 갈까? 바다로 갈까? 고민이 된다. 그러나 대부분 그냥 송도 바닷가로 나간다. 아무 생각 없이 그냥 한두 시간 가량 걷기 운동을 하고 돌아온다.

아직 아내는 귀가하지 않았다. 샤워를 하고 다시 TV 앞에 앉아서 아내를 기다린다. 아내가 아주 힘들고 바쁜 체하며 들어온다. 나는 말없이 그냥 TV만 보는 체한다. 아내가 저녁 준비를 한다. 나는 오늘도 손녀가 잘 있는지 궁금하여 혹시 며느리가 손녀 사진이라도 보냈을까 자꾸 휴대폰으로 눈이 간다.

아내가 저녁 준비가 다 되었다고 한다. 물론 나는 저녁밥을 잘 안 먹기에 우유 한 잔과 과일이나 빵 등 다른 먹거리가 준비 되었을 것이다. 나는 대충 저녁을 때우고 또 무엇을 할까 망설인다. 그러나 모든 것이 다 귀찮다. 그냥 TV 앞에 앉아서 종편의 최순실 관련 보도를 보다가 다시 7시 경의 드라마를 보고 8시가 되면 sbs의 저녁 뉴스를 본다.

간혹 이런 시간에 며느리나 아들이 손녀의 사진을 보내거나 소식을 전한다. 너무 반갑다. 드디어 아내와 함께 한참 동안 손녀의 사진을 보며 즐거운 시간을 보낸다. 다시 10시까지 TV 채널을 이리 저리 돌리며 아내가 좋아하는 프로를 함께 본다. 10시쯤 되면 TV를 보다가 피곤해진 아내와 나는 마침내 TV 앞에 드러누워서 또 드라마를 본다. 드라마가 끝나면 11시다. 벌써 밤이 늦었다. 서로 '빨리 자자'하며 방으로 들어가 내일을 기약하며 그냥 잠을 잔다.

어제도 그제도 그 그제도 오늘과 같았고 내일도 모래도 아마 그 다음 날도 오늘과 별반 다른 일은 없을 것 같다.

아. 답답하다. 다람쥐가 쳇바퀴를 뛰어 내리 듯 무엇인가 변화를 모색해 봐야겠다. 이상의 소설 '날개'에서처럼 내 겨드랑이에는 왜 아직도 날개가 돋지 않는 것일까?. 나에게도 날개여 돋아라. 날개여 돋아라. 나도 한 번 새롭게 날아보자. (2016년)

제5부
정년까지

결혼이 통속적이라 비아냥거리며
이혼과 졸혼이 유행을 해도
자녀가 장성하면 혼인시키고
후손을 보는 것이 부모의 기쁨이듯

저급한 출판은 공해를 유발하고
읽히지 않는 책은
작가의 눈물만 요구한다지만
뭇별이 있기에 달밤이 더욱 빛나듯

작가가 언어를 조탁하여 의미를 낳고
작품이 쌓이면 출판을 꿈꾸는 것은
작가의 보람이자 삶의 의미이고
고통스러운 영광이자 슬픈 운명이다

–「출판」

내가 버린 목봉

나는 젊은 시절 책에 대한 욕심이 많아서 일상적인 삶의 욕망을 억제하면서까지 나름 많은 책을 구입했고 스스로 대견한 마음으로 지금까지 보관하고 있다. 그러나 지금은 그 책을 보관할 장소도 부족하고 다시 그 책을 읽을 상황도 아니어서 그냥 장식용 정도로 사용하고 있다. 그러나 아직도 남의 집에 옮겨 다니며 살다보니 이사를 자주 해야 하고 이사를 하려니 이사 비용도 더 많이 들고 이사 간 집이 좁으면 놓아 둘 곳도 없는 등 성가시고 불편한 점이 한 두 가지가 아니다. 그래서 아내의 짜증을 생각하고 내 딴에는 큰 결심 끝에 그냥 장식만 해두는 것보다 필요한 남이라도 볼 수 있게 큰 도서관 등에 기증을 하는 것이 좋겠다고 생각했다.

그래서 도서관에 전화해서 기증 방법을 물었더니 생뚱맞게도 그 곳에서는 먼저 '신간인가 아닌가'를 물었다. 내가 '신간이 아니고 주로 고서적이다'고 대답했더니 도서 담당자가 '도서관의 서고가 좁아서 받아 줄 수가 없다'고 했다.

이보다 더 황당한 일이 어디 있겠는가? 먹을 것 입을 것을 줄이고 허리띠를 졸라매면서 구입을 했고 아직까지 애지중지하는 책을 그것도 공짜로 기증을 하겠다고 했는데 신간이 아니라서 도서관에서조차 받지 않겠다고 하니 이것은 정말 잘못되어도 너무 잘못된 세상이 아닌가 하는 생각이 들었다.

이와 비슷한 일이 내가 몸담고 있는 학교에서도 해마다 수능 시험이 다가오면 대대적으로 행해지고 있다. 즉, 수능이 며칠 남지 않을 때쯤 되면 고물상까지 동원해서 학생들의 책 버리기 대장정이 시작 된다. 학교 청결과 수학능력시험장 준비 등을 위해서 가져가지 않는 책은 버릴 수밖에 없다고 한다. 또 시험공부를 위해서 구입했고 이미 시험공부를 다했기 때문에 그 책은 자신의 역할이 다 끝났기에 쓸모가 없다고도 한다.

그러나 책을 쓰고 책을 출판하고 책 모으기를 좋아하는 나로서는 그런 모습이 당연하거나 곱게 보이지는 않았다. 과연 학생들이 사용한 책이, 아니 책의 내용이 수능 시험을 치기위한 그 정도밖에 되지 않는 것이고 시험이 끝나면 버려도 좋을 그런 책에 불과한 것인가 하는 의문이 먼저 생긴다. 물론 요즘은 책이 흔하고 책값도 헐하고 또 책이 아니라도 필요한 지식은 언제 어디에서나 전자기기를 통해서 검색하고 얻을 수도 있다. 그러므로 구태여 보관하기 어렵고 유지하기 힘겨운 책들을 계속해서 보관하고 간직할 필요는 없을지도 모른다.

그러나 책 중에는 단순히 그 책을 통해서 돈벌이를 해야겠다는 생각으로 만든 책도 있고 그래서 일상적인 지식을 모아서 나열했거나 또 그런 지식을 얻기 위해서 만든 책도 있을 것이다. 그러나 이처럼 단순히 돈벌이만을 위한 것이 아니라 자신의 생각이나 정신이나 느낌이나 감동 등을 다른 사람에게 전달하고 그들과 함께 공유하기 위해서 책을 쓴 사람도 있고 또 그런 책들도 있을 것이다.

그렇다면 이런 사람의 마음과 책은 그렇게 일회적이고 한 번 보고 버릴 수 있는 그런 것은 아니지 않는가 하는 생각이 든다. 뿐만 아니라 단순한 지식을 전하는 책이라 하더라도 오래 동안 곁에 두고 함께 생활했고 또 그를 통해서 자신의 지적 정서적 성장을 이루었다면, 더구나 자신의 삶을 가다듬고, 인생을 배우고, 앞날을 설계하고, 삶의 의미를 발견하게 하였던 책이라면 그렇게 함부로 버릴 수는 없는 것이 아니겠는가?

그러나 현대는 인간관계뿐만 아니라 모든 것이 다 순간적이고 일회적인 것이 보편화 된 세상인데 어찌 책만은 끼고 살아야 된다고 말하는가? 하고 반박할 수도 있다.

이러한 현실에서 저 옛날 일제강점기의 '부두 노동자'에 얽힌 일화逸話는 오늘을 사는 우리의 행동을 한 번쯤 돌아보게 하는 귀감이 된다고 하겠다. 즉, 일제강점기에 어느 부둣가에 가난한 부두 노동자가 살았다. 몸이 허약하여 하루 일하면 다음 하루는 쉬어야 했다. 그래서 아무리 부지런히 일을 해도 입에 풀칠하기조차 어려운 형편이었다. 그래서 이들 부부는 매년 한 번씩 추첨하는 복권을 사서 일확천금을 벌지 않고는 자신들의 삶을 영원히 바꿀 수 없다고 생각하게 되었다. 그 후 노동자는 매년 복권을 샀고 또 그 복권에 대한 열망을 잊지 않기 위해 자신이 부두에서 짐을 나를 때 사용하는 목봉에 구멍을 뚫어서 복권을 넣고 밀봉한 뒤 항상 몸에 지니고 다녔다. 그러면서 그 복권이 당첨되기만을 매일매일 천지신명에게 간절하게 기원했다.

그러던 어느 해 정말 그런 정성이 하늘에 통했던지 복권이 당첨되었다. 당첨이 된 것을 확인한 그 노동자는 너무나 기뻐서 "나는 부자다." "나는 부자다."하고 소리치면서 부둣가를 몇 번이나 왕복하며 뛰어다녔다.

그리고 마지막에는 "나는 이제 부두 노동을 하지 않아도 된다. 목봉아 잘가라!" 외치면서 그 때까지 들고 다니던 목봉을 바다 저 멀리 힘껏 던져버렸다. 그리고 한달음에 집으로 달려가 아내에게 '복권이 당첨됐다' 소리치며 부둥켜안고 울었다.

한참 후 마음을 진정하고 돈을 찾기 위해 복권을 찾았다. 그런데 복권은 이제까지 목봉 속에 넣어서 보관했었고 방금 전에 그것을 자신이 바다로 던져 버렸다는 것을 그때서야 깨닫게 되었다.

그래서 부리나케 부둣가로 달려가 보았지만 이미 목봉은 바다 저 멀리 떠밀려 가버렸고 어디에서도 다시 찾을 수가 없었다. 실망한 노동자는 자신의 경박함과 박복함을 한탄하며 결국 바다에 몸을 던져서 죽고 말았다고 한다.

이런 결과는 자신의 처지가 달라졌다고 해서, 자신이 지금까지 몸의 일부처럼 지니고 있었고 또 그것이 자신의 삶의 처지를 바뀌게 해준 것인데도 불구하고 '개구리가 올챙이 적 시절을 모른다.'는 식으로 가볍고 하찮게 여기고 버린 데서 왔다는 것을 알 수 있다.

이러한 '내가 버린 목봉'이 시사示唆하는 바와 자신의 한평생 미래의 운명을 결정지어 주었던 책을 버리는 것이 어찌 전혀 다르다고만 하겠는가? 중등 시절에 나를 키웠던 책이 없었다면 어찌 대학 시절이 있겠으며 또 미래가 있겠는가? 어제가 없는 오늘이 어디 있겠으며 과거가 되지 않는 내일이 어디 있겠는가? 과거가 없이는 미래가 없기에 역사를 잊어버리는 민족은 미개한 민족이고 미개한 민족은 미래가 없고 불행한 역사만을 반복한다고 하지 않았던가?

"책속에 길이 있고 희망이 있다"고 했다. 비록 철이 지난 책이지만 그 속에는 나의 과거와 나의 역사와 나의 미래가 함께 존재한다고 할 수 있을 것이다. 지금까지 자신을 키워주었던 책을 앞 다투어 버리고자 하는 학생들이여! 그대들의 마음과 태도가 자신의 인생을 던져버렸던 부두 노동자의 '내가 버린 목봉'이 되지 않기를 희망하며 앞으로는 이를 타산지석으로 삼아 책을 버리는데도 좀 더 신중해야 하지 않을까 하고 한 번 몽니를 부려본다. (2014년)

아름다워서 슬픈 여행

퇴직이 임박한 사람들을 위한 퇴직연수가 있다는 말은 들었으나 그런 분야에 특별한 관심이 없었던 나로서는 연수에 관한 구체적인 사실을 알 수가 없었다. 그러던 중 우연히 그런 연수가 임박했다는 동료들의 전하는 말을 듣고 인터넷으로 찾아보고서야 구체적으로 알게 되었다.

연수 주체는 사학연금공단이고 연수 날짜는 2014년 10월 14일부터 17일까지이며 연수 장소는 제주도이고 연수 경비는 학교측과 개인이 일정부분 분담하는 형식이었다.

날짜가 임박했기 때문에 때를 놓치는 우를 범하지 않기 위해서 서둘러 결재를 올렸다. 그러나 연수 날짜가 10월 중순이라서 수업에 지장이 있다는 점과 연수지가 제주도이고 경비를 보조해야 한다는 점에서 결재가 차일피일 미루어지다가 우여곡절 끝에 겨우 연수 2주일 전에 결재가 떨어졌다.

그러나 결재를 받고 보조금이 나왔을 때는 주최 측으로부터 이미 연수 참가 수용 인원인 180명이 다 찼기 때문에 더 이상 신청을 받을 수 없다는 통보를 받게 되었다.

제주도는 이미 여러 번 가보았기에 특별한 미련은 없었지만 그래도 말년 연수이고 그것도 부부 동반으로 갈 수 있게 되었다는 점에서 나름 기대하는 바가 컸었다. 특히 제주도는 처음 가보게 되었다며 기뻐하던 아내의 모습을 생각하니 처음부터 가겠다고 떼를 쓰지나 말 것을 하는 후회와 실망과 허탈감 그리고 아내에 대한 미안한 마음이 매우 컸다.

특히 결혼 이후 이런저런 이유로 부부 동반으로 한 번도 바다 건너 여행을 해보지를 못했기에 이번 부부동반 연수에 거는 아내의 기대는 나보다 컸던 것 같다. 그런 만큼 가지 못하게 되었을 때 역으로 돌아오는 실망감도 나보다 훨씬 더 컸고 불평과 원망도 상당히 거셌다.

그래서 나는 어쩔 수 없이 못 먹는 감 찔러나 본다는 심정으로 주최 측에 인원 제한의 부당함을 항의하며 혹시 취소하는 사람이 있으면 연락해 줄 것을 여러 차례 전화로 부탁을 했다. 이런 바램과 떼쓰기가 통했던지 연수를 일주일 앞두고 자리가 생겼다는 연락이 왔다. 부랴부랴 연수비를 지불하고 비행기표를 예약하려고 했는데 재수가 없어서 그런지 여기서 또 문제가 생겼다. 가는 비행기표는 정해진 시간과는 거리가 있었으나 그래도 구할 수가 있었지만 돌아오는 비행기표는 아예 없다는 것이었다. 그래서 배를 타고 갈 것까지 생각하며 전전긍긍하던 중 또 무슨 놈의 조화인지 그것도 남들의 취소하는 것이 있어서 연수가 끝나는 시간과 무려 6시간이나 차이가 나는 표를 구하는데 성공했다.

연수 날짜가 임박하자 아내는 내가 들어가고도 남을 만큼 큰 여행용 가방을 새로 구입하고 옷장의 옷을 다 옮길 듯이 거창하게 준비를 했다. 짐이 많아지는 것이 불만인 나는 여러 가지 핑계를 대어서 겨우 짐을 덜어내기는 했지만 그렇게 들떠 있는 아내의 모습을 보면서 나는 지금까지 한 번도 함께 여행을 제대로 하지 못한 것이 못내 미안하고 안쓰러운 마음이 들었다. 앞으로는 정말 아내와 함께 여행하는 기회를 좀 더 많이 만들어야겠다고 생각했다.

10월 14일 아침 조바심이 많은 나와 시간관념이 느긋한 아내가 서로 부딪쳤지만 그래도 졸업여행이란 막연한 기대와 설렘으로 모든 충돌을 웃음으로 넘기고 일찌감치 비행장에 도착하여 비행기에 몸을 실었다. 제주도에 도착해보니 어제의 제주도와 오늘의 제주도가 별반 달라진 것은 없었지만 그래도 본토와 다른 곳에 왔다는 마음과 어디를 가든 내려다보이는 바다와 깨끗한 공기가 감회를 새롭게 했고 날씨마저도 며칠 전과는 달리 화창하여 정말 여행 온 기분을 한껏 돋우어주는 것 같았다.

이것보다 더 기쁜 것은 호텔의 방 배정이었다. 부부가 함께 왔기 때문이었는지 바다 쪽으로 창문이 난 방을 배정 받았다. 커튼을 걷고 창밖을 내다보니 몇 천 평이나 됨직한 잘 정돈 된 잔디밭이 발아래에 펼쳐져 있고 그 주위에는 본토에서 보기 힘든 열대성 나무들이 줄을 지어 멋진 자태를 뽐내고 있었다. 그 너머로는 끝없이 펼쳐진 파란 바다와 점점이 떠 있는 작은 섬들이 나를 반기고 어서 오라고 손짓을 하는 듯 했다. 창밖으로 펼쳐진 풍경은 그림이나 영화에서나 보던 이국의 풍경처럼 정말 멋지고 아름다웠다. 그러나 이것보다 더욱 기쁜 일은 이런 풍경에 환호하는 아내의 모습을 바라보는 뿌듯한 마음이었다.

오후 늦은 시간부터 본격적으로 연수가 시작 되었는데 환영식에 초대된 모 초등학교 학생들의 제주도 민요 연주와 노래는 안쓰럽지만 앙증맞아서 좋았다. 그러나 그 후의 연수는 대부분 인터넷이나 항간에 회자 되는 여러 내용을 짜깁기 하거나 정리한 정도의 내용일 뿐 새로운 것이나 특별한 것은 없었던 것 같다. 뿐만 아니라 둘째 날의 연금에 대한 연수는 어떤 대책이나 해결책 등 좋은 방법이나 방향을 제시하는 것이 아니라 정부의 연금 삭감정책을 홍보하고 어쩔 수 없으니 수용해야 된다는 식의 내용이어서 실망스럽기까지 했다.

그래도 조금이나마 위로가 되었던 것은 마지막 날 건강관리에 대한 연수였다. 내용은 '술은 몸에 해로운 것이 아니고 매일 마시는 것도 해로운 것이 아니라며 과음만 하지 않으면 오히려 모든 성인병에 도움이 된다.'는 것이었다. 술을 좋아하는 나에게는 아내의 불만스러운 생각을 바꿀 수 있는 계기가 되었다는 점에서 좋았다.

이외에 나는 제주도 관광을 처음으로 하는 아내를 위해 자유시간과 선택적 연수를 하는 시간에는 남들과 달리 호텔 근처의 정방폭포와 천지연폭포를 찾아가기도 했다. 옛날 처음 보았을 때의 감회를 생각하고 다시 찾았으나 그 사이에 더 크고 멋진 폭포들을 많이 보아서 그런지 큰 감동이나 감탄도 없었고 오히려 실망스럽다는 생각까지 들었다. 그러나 아내는 그런대로 즐거워하고 만족해하는 것 같아서 마음의 위로로 삼았다.

단체 관광은 성산일출봉을 배를 타고 둘러보는 것과 산굼부리와 사려니 숲을 걸어보는 정도였다. 성산일출봉은 직접 올라가지는 않았지만 배를 타고 갔기에 산의 뒷모습까지 볼 수 있었다는 점이 새로웠다. 사려니 숲은 편백나무가 좌우로 줄지어서 늘어서 있는 모습이 인상적이었고 거기서 나오는 피톤치드가 내 피부를 간질이는 것 같아서 상당히 좋았다. 다만 여성분들을 생각하여 산책하는 거리가 너무 짧았다는 점이 개인적으로는 조금 아쉬웠다.

그러나 산굼부리의 억새밭은 그때까지 답답하고 민민하게만 느껴졌던 여행의 아쉬움을 한꺼번에 날려줄 만큼 대단한 장관이었다. 아주 무성하게, 아주 빽빽하게, 아주 화려하게, 아주 훤칠하게 정말 잘 자라고 멋지게 펼쳐진 억새의 광장! 바람이 불 때마다 수많은 인파가 한 자리에 모여 두 팔을 하늘로 뻗치고 다 같이 소원을 간구하는 듯, 천군만마가 머리를 조아리며 우두머리 장수를 뵙는 듯, 억만 장졸이 깃발을 들고 승리를 환호하는 듯, 추수를 기다리는 밀밭에 바람이 일렁이는 듯 정말 일대 승경이자 멋진 광경이었다.

이제까지 승학산이나 화왕산이나 가지산의 억새가 좋다기에 모두 가보았지만 이만큼 멋스럽고, 훤칠하고, 시원하고 화려한 억새밭은 본 적이 없었다. 옛 사람들이,

"태산을 보지 않고는 산을 보았다고 말하지 말고 바다를 보지 않고는 물을 보았다고 말하지 말라."

고 했던 말이 생각났다. 정말 산굼부리의 억새밭을 보지 않고는 억새밭을 보았다고 말하지 말아야 할 것 같았다. 물론 더 대단한 억새밭을 보기 전까지이겠지만.

이런 저런 감동과 감회를 안고 3박 4일의 일정이 모두 끝났다. 모든 느낌과 풍광과 순간들을 눈에 담고 가슴에 담았으나 계속 누릴 수 없다는 아쉬움이 컸다. 특히 호텔 창문 너머의 아름다운 잔디밭과 일망무제의 파란 바다와 점점이 떠 있는 섬들의 황홀했던 속삭임과 안타까운 작별 인사를 뒤로하고 어쩔 수 없는 발걸음으로 비행기에 몸을 실었다.

떠오르는 비행기의 창가에 기대앉아 망막에 명멸하는 인가의 불빛을 바라보며 기억의 저편으로 벌써 멀어져가는 3박 4일의 연수를 반추해 보았다. 이 세상의 어떤 순간도 한 번 지나가면 다시 올 수 없고, 어떤 것도 시작이 있으면 끝이 있기 마련인 것을 모르지는 않는다. 그래도 현직에서의 연수는 이것이 마지막이고 영원히 다시 올 수 없는 마지막 졸업여행이라 생각하니 만감이 교차하는 벅찬 감회를 억누를 수가 없었다.

다시하거나 돌이킬 수 없기에 안타깝고 슬픈, 아니 너무 안타깝고 슬프기에 오히려 더 아름답고, 너무 아름답기에 오히려 더 슬픈, 말년 연수! 졸업여행! 내 영혼 속에 아름다운 추억으로 오래 오래 기억되기를 기대해본다.

떠날 때의 기대와 설렘과 졸업 후의 근심과 걱정 등 온갖 상념을 뒤로 한 채 비행기도 피곤한 듯 어느덧 어둠 속에 나른한 날개를 살포시 접는다. (2014. 10. 말경)

대성통곡大聲痛哭

대성통곡의 사전적 의미는 소리를 높여 큰소리로 슬프게 운다는 뜻이다. 그래서 이러한 통곡은 주로 부모가 죽었을 때나 집안에 특별히 좋지 않은 무슨 일이 있을 때만 한다. 즉, 아버지가 죽으면 천붕天崩이요, 어머니가 죽으면 지붕地崩이요, 남편이 죽으며 붕성崩城이라 하여 이런 때 자녀나 아내는 화장을 지우고, 장식물을 떼고, 머리를 푼 채 가슴을 치며 애곡벽용哀哭擗踊을 하거나 대성통곡을 한다. 특히 옛날 중국에서는 집에 초상이 나면 전문적으로 큰소리를 내며 울음을 잘 우는 사람을 돈으로 사서 울게 했다. 그것도 상여가 남의 마을을 지날 때는 동네 사람들이 다 듣고 슬퍼할 정도로 울어야만 효자라고 생각했기 때문에 세도 가문에서는 울음을 잘 우는 사람을 대대적으로 동원하기도 했다고 한다.

그러면 부모가 죽었을 때 소리를 높여서 크게 우는 것을 왜 효도라 했을까? 그 이유에 대해서는 특별히 연구되거나 정리된 것은 없다. 다만 부모의 죽음이나 남편의 죽음은 다른 어떤 것보다 슬픔이 컸기 때문에 옛날부터 그렇게 해왔고 오늘도 그렇게 하는 것이라 한다. 그러나 나는 이러한 대성통곡이 단순히 슬픔과 고통의 표현일 뿐만 아니라 여기에는 오히려 그 이상의 다른 무엇이 있다고 생각한다.

그런데 현대는 소음이니 혹은 남들에 대한 안면방해니 해서 초상이 나도 실제로는 통곡을 할 수 없거나 하지 않는 것이 보통이다. 뿐만 아니라 죽음도 일상적인 일이고 개인적인 일이며 대단한 일도, 특별한 일도 아니라고 여기는 것 같다. 그래서 초상이 나도 야단스럽지 않게 행동하는 것이 교양 있는 사람의 교양 있는 행동으로 치부되는 것이 현실이다.

그럼 옛날에는 부모가 죽으면 슬펐고 또 상식이 없어서 남에게 피해가 가도록 그렇게 통곡했으며 오늘날은 슬프지도 않고 남을 배려하는 인품이 그렇게 높아서 통곡하지 않는다는 말인가? 물론 그런 말은 아닐 것이다.

그러나 현대는 초상이 나도 통곡하거나 슬퍼하지 않는 것이 대범하고 또 성숙한 모습이며 그것이 오히려 부모를 위하는 길이고 살아남은 자가 남들에게 얕보이지 않는 처세라고 생각하는 것은 분명한 것 같다. 뿐만 아니라 오늘날도 모두, 부모가 남긴 유산에만 관심이 있는 것은 아닐 터인데 상주는 부모가 죽은 것이 오히려 잘 된 것인지 호상이라 하면서 울기는커녕 친구들과 담소하며 즐겁게 초상을 치르는 경우를 많이 본다. 물론 어차피 죽었는데 슬프게 통곡을 한다고 무엇이 달라질 것이 없다는 것은 안다. 그러나 부모가 죽었는데 어찌 그렇게 태연하고 즐거울 수 있을까 생각하면 무엇인가 잘못 되기는 상당히 잘못된 것이 아닌가 하는 생각도 든다.

나도 몇 년 전에 어머니가 돌아가셨고 그 때 주변 여건 때문에 큰소리로 통곡도 제대로 하지 못하고 장례를 마쳤다. 그래서 그런지 장례를 치른 이후에도 계속 가슴이 답답하고 울적한 마음을 어찌 할 수가 없었다. 그러던 중 몇 달 후 어느 날 직원 회식이 있었고 나는 그날 울적한 마음 때문에 술을 상당히 많이 마셨다. 술을 마시자 더욱 울적해졌고 혹시 술자리에서 무슨 실수라도 할까봐 나는 남들보다 일찍 그 자리를 빠져나왔다. 그렇다고 차를 타고 바로 집으로 가기에는 기분이 너무 우울했다. 그래서 4킬로미터 남짓 떨어진 집까지 술도 깰 겸 걸어서 가기로 마음먹었다.

그런데 집으로 걸어가는 도중에 나는 자신도 모르게 갑자기 돌아가신 어머니 생각이 나고 눈물이 나기 시작했다. 그래서 길을 걸으면서 울었다. 주위를 둘러보니 상점들의 불빛은 번쩍이지만 조금 늦은 시간이라서 그런지 인도에는 사람들이 거의 보이지 않았다. 그래서 나는 마음 놓고 지나가는 차량 소리에 기대어서 소리내어 울기 시작했다. 울다보니 감정이 더욱 격해져서 더 큰소리로 통곡을 하게 되었다. 혹시 남들이 보면 미친 사람으로 여길까 봐 앞에서 사람이 오는 모습이 보이면 그쳤다가 지나가면 다시 통곡을 하면서 걸었다. 한 시간 정도 걷자 가슴속에서 무엇인가 점점 풀어져 나가면서 지금까지 답답하던 응어리가 조금씩 사라지는 듯

했다.

그러나 그 앙금이 다 풀어지기도 전에 벌써 집에 거의 도착하고 말았다. 그래서 나는 정말 무슨 미친 마음이 들었던지 집으로 들어가지 않고 아파트 앞에 있는 야산으로 올라갔다. 평소에 자주 등산을 하던 곳이라 길이 눈에 익어서 밤중이었지만 특별한 어려움은 없었다. 산꼭대기에 올라가서 주변을 둘러보니 적막만이 나를 기다릴 뿐 아무도 없었다. 그래서 나는 길을 걸으면서 못다 운 울음을 정말 미친 듯이 마음 놓고 한 30분 이상 대성통곡을 했다.

그때서야 눈에는 눈물이 마르고 목도 쉬어서 소리가 나오지 않았다. 그러나 가슴 속에는 무엇인가 새로운 통로가 생기는 듯, 시원한 기분이 들면서 지금까지 답답하고 뭉쳐있던 모든 응어리들이 다 사리지는 듯 했다. 그래서 나는 그날 밤의 통곡을 통해서 그 때까지 가슴을 억누르고 있던 원인 모를 답답함을 시원하게 풀어버리고 일상적인 삶으로 되돌아올 수 있었다.

이처럼 통곡은 슬픔을 표현하는 방법이기도 하지만 다른 한편으로는 그런 슬픔을 치료하고 슬픔을 풀어버리는 수단이 되기도 한다는 것을 알 수 있다. 그러므로 통곡은 현대인들의 부정적인 평가와는 달리 선인들의 지혜롭고도 훌륭한 삶의 방식이자 슬픔을 극복하고 새로운 삶으로 나아가는 치료수단이 된다고 할 수 있다. 이것을 어찌 다른 소소한 카타르시스 방법과 비교할 수 있겠는가?

오늘날 현대인들은 복잡다단한 현실 속에서 끝임 없이 경쟁하고 갈등하면서 살아간다. 그에 따라서 자신도 모르는 사이에 수많은 스트레스를 받게 되고 또 정신적, 심리적으로 여러 가지 고통을 겪게도 된다. 그래서 이것을 치료하고 해결하는 방법으로 웃음을 통한 스트레스 해소와 웃음을 통한 건강비법 등 웃음을 통한 치료가 유행을 하고 있다.

그러나 현대와 같이 가슴이 답답하고 억울하고 원통함이 많은 세상에서는 웃음의 치료도 좋겠지만, 나는 그보다 몇 수 위라고 생각하는 통곡이 필요하고 또 통곡할 장소가 필요한 것이 아닌가 하고 엉뚱한 생각을 해본다.

요즘 나는 또다시 가슴이 답답하고 우울할 때가 많다. 언젠가 날을 잡아서 통곡하기 좋을 곳을 찾아가서 다시 한 번 시원하게 대성통곡을 해야 할까보다. 태어나면서 시원하게 울었던 그런 울음을……. (2014년)

남자의 슬픈 운명

정년을 코앞에 둔 요즘 가장 많이 듣는 말은, '정년 후에 무엇을 할 것인가? 무슨 계획은 있는가?' 다음으로는, '부인에게 잘해야 한다.'는 말이다.

그런데 이런 말을 말년 연수를 갔을 때 명사名士로 초빙된 강사로부터도 듣게 되었다. 그러나 나는 그런 말을 들으면서 괜스레 불쾌하고 심술이 났다. 지금까지 38년이나 나름 최선을 다해 열심히 일했고 또 아내와 가족을 위해 또 최선을 다했는데 남자는 왜 정년퇴임을 해서도 무엇인가 하지 않으면 안 되고 또 아내에게 잘하지 않으면 안 되는가 하고 생각하니 남자의 신세가 서글프고 화가 나기까지 했다.

그래서 첫 번째의 질문에 대해서는 묻는 사람의 걱정과 배려하는 마음을 생각해서 '정년 후에는 무계획이 계획이고 그냥 아무 욕심 없이 건강을 유지하는 것이 가장 잘 사는 방법이라고 생각한다.'는 정도의 대답을 통해서 현실 초월적 은둔자와 같은 자존심을 세우며 군자다운 태도로 가볍게 대답하기도 한다.

그러나 두 번째의 말은 정말 듣기에 갑갑하고 거북한 말일 뿐만 아니라 그것도 구체적인 증거를 들이대며 하는 말일 때는 더욱 역정이 나기도 한다.

예를 들어 여자는 남편이 은퇴를 한 뒤에 가장 필요로 하는 것이 무엇인가 물으면,

"1. 돈. 2. 건강. 3. 딸. 4. 친구. 5. 집."

정도라고 대답하는데, 남자는 가장 필요한 것이,

"1. 부인. 2. 아내. 3. 집사람. 4. 와이프. 5. 마누라."

라고 하여 모두 부인만 찾는다는 것이다. 뿐만 아니라 늙어서 과부가 된 여자는 장수를 하고 홀아비가 된 남자는 장수를 누리지 못한다는 저명한 학자의 연구도 있다고 한다. 그래서 남자는 은퇴 이후에 여자에게 버림을 받지 않고 오래 장수를 하려면 여자에게 잘 보여야 하고 잘 보이려면 잘해야 한다는 것이다.

언뜻 들으면 이런 말들이 참으로 타당하고 당연한 말인 것 같다. 그러나 그 말이 내포하고 있는 이면적 의미를 구체적으로 따져보면 너무나 치사하고, 졸렬하고, 사악한 말이라는 것을 금방 눈치 채게 된다. 즉, 처녀 총각 시절에는 검은 머리 파뿌리 될 때까지 기쁠 때나 슬플 때나 항상 함께 하며 한 날 한 시에 죽을 것을 만인 앞에서 맹세하며 부부가 되었다. 그런데 벌레는 과일의 단물을 다 빨아먹은 뒤에는 그 때까지 목숨 걸고 매달렸던 과일을 아낌없이 던져

버리고 새로운 과일로 자리를 옮겨간다. 이처럼 여자도 남편의 돈벌이가 끝나면 그 남편을 버려야만 오래 살고 또 남편이 필요 없는 존재라고 생각하며 자기만 새로운 인생을 살겠다고 한다면, 이것이 과연 벌레보다 고상하고 바람직한 사고이자 행동이겠는가? 뿐만 아니라 이런 말과는 달리 헌신적이며 사려 깊은 여자들에게는 오히려 얼마나 스스로를 폄하하고 모욕하는 말이 아니겠는가?

물론 그런 말을 하는 사람은 농담 반 진담 반으로 부부간에 화목하게 지내는 것이 중요하다는 뜻으로 그런 말을 한 것으로 보인다. 그래도 그런 말이 일상화되고 대부분의 사람들이 그래야 된다고 생각할 정도로 일반화 되어 있다면 이런 말과 태도는 정말 문제적인 말이거나 개탄스러운 사회현상이라 하지 않을 수 없다.

다시 말해서 남자도 여자와 함께 젊은 시절에 가족과 가정을 위해서 정년까지 최선의 노력을 다했다. 그런데 왜 남편은 은퇴를 하면 여자와는 달리 또 다시 새삼 여자에게 잘해야만 하는가? 물론 잘하는 것이 나쁜 것은 아니다. 그러나 남녀가 서로 잘하는 것은 모르지만 남자만 일방적으로 잘해야 한다는 것은 이전까지는 남자가 가정에서 폭군이었거나 무슨 큰 권력이라도 휘두르는 대단한 위치를 점하고 있었던 존재였다는 말이거나 아니면 여자를 돈만 밝히는 치사하고 사악하며 더러운 존재라고 치부하는 말이 된다.

만약 이런 뜻이 아니라면 그런 말은, 남자는 전생의 업보에 의해 이 세상에 태어났기 때문에 죽을 때까지 가족과 가정을 위해서 희생하고 봉사해야 하고 은퇴해서도 아내를 위해서 비굴하게 눈치를 보면서 헤헤… 그리며 아첨이라도 해야만 밥이라도 얻어먹을 수 있는 그런 슬픈 운명을 타고 났다는 뜻이 된다.

과부는 오래 살고 홀아비는 빨리 죽는다고 한 어떤 학자의 말은 얼마나 벼락 맞아 죽을 우스꽝스러운 사회 현상을 보여주는 말인가? 그런데도 불구하고 사회 일각, 아니 사회 전체가 이런 추세와 현상을 당연한 것으로 여기고 오히려 부추기고 있는 것이 현실이라 생각하니 이 땅에 남자로 태어나서 남편으로 사는 것이 너무나 구차스럽고 또 너무 가볍고 좀스러운 이런 현실이 안타깝기까지 하다.

정말 남녀 관계와 부부관계가 이렇다면 남녀는 무엇 때문에 결혼하고 또 남자는 무엇 때문에 젊은 시절에 목숨 바쳐서 아내를 사랑하며, 남자는 무엇 때문에 또 무엇을 위해서 가정과 가족을 위해서 한 평생 희생하고 노력하고 봉사한다는 말인가?

퇴직 연수에 초빙된 강사들조차도 이런 왜곡되고 잘못된 현실을 바로 잡을 대안을 제시하지는 못할지언정 그런 현상을 당연한 것인 듯, 또 무슨 신기한 것이라도 알고 있는 듯, 신이라도 나는 듯, 무슨 진리라도 전하는 듯한 태도는 정말 한심스럽고도 통탄스러운 일이 아니겠는가?

앞으로는 농담이라도 이런 잘못되고 왜곡된 현실과 생각을 부추기는 말과 행동은 삼가고 부정적인 현실을 바로잡으려는 의지를 가져야 할 것이다. 또 평소에 남자의 희생과 봉사를 더 많이 받은 아내라면 은퇴한 남편에 대한 감사를 표할 방법을 이전보다 더 열심히 찾아야 할 것이다. 또 남편과 함께 노력하고 남편 못지않게 고통을 분담했던 아내라면 남편의 은퇴 후에는 오히려 서로 위로하고 서로 의지하며 여생을 함께 살아갈 더 좋은 방법을 찾아야 하는 것이 현명하고도 행복한 삶으로 나아가는 지름길이 되지 않을까 생각해 본다. (2014년)

뚝배기보다 장맛

옛날 어느 고을에 나이가 20이 다 되도록 시집을 못간 처녀와 이웃 고을에 20세가 넘도록 장가를 못간 총각이 있었다. 처녀는 가문도 좋고 집안도 부유했으나 매파가 보고 가기만하면 '얽거던 검지나 말든지'하면서 퇴짜를 놓았기 때문이고 총각은 인물도 괜찮고 크게 나무랄 것이 없었으나 다만 집안이 너무 가난한 낙반 집안의 자손이었기 때문이었다고 한다.

그래서 이 총각과 처녀는 결혼 정년기가 넘어 가면서 밤낮으로 고민하고 부모의 속을 썩이고 있을 때 마침 용감한 매파가 있어서 이들을 서로 중매하게 되었고 처녀와 총각은 처녀 귀신과 몽달귀신이 되는 것보다는 낫겠다고 생각하여 서로 결혼하기로 했다.

그러나 결혼 첫날밤 검고도 얽은 처녀를 보게 된 총각은 소문을 듣고 이미 마음속에 준비는 하고 있었지만 자신도 모르게 그만 비명을 지르며 주저앉고 말았다. 그 모습을 본 여자는 어쩔 수 없는 자신의 운명에 마냥 눈물만 흘리고 앉아 있을 뿐이었다.

말없이 한참 동안 서로 돌아앉아 있을 때 남자가 자신의 운명과 팔자가 사나운 것을 한탄하며 연방 한숨을 쉬다가 그래도 어차피 결혼을 했는데 어찌 하겠는가? 하는 마음에서 여자의 식견이나 알아보고 파혼을 하든지 어찌하든지 해야 되겠다고 생각하게 된다. 그래서 남자가 여자를 무시하는 말투로

"그대는 '삼종지의'를 아는가?" 하고 물었다.

그러자 여자는 부끄러움으로 고개를 숙인 채 눈물을 흘리고 있다가 부끄러움을 띄고 조용하게 대답하기를,

"여자가 시집을 가기 전에는 아버지를 따르고 시집을 가서는 지아비를 따르는 것을 말합니다."

라고 했다. 그 말을 들은 남자는 생긴 것도 못생긴 것이 어찌 '지아비가 죽으면 아들을 따른다는 삼종지의의 세 번째 내용조차도 모른다는 말인가?'하는 생각에 화가 나서,

"양반가에서 생장한 여자가 어찌 삼종지의도 제대로 모르는가?"

하면서 타박을 했다.

그러자 여자가 얼굴을 붉히며 조용하게 대답하기를,

"이렇게 결혼을 해서 초야初夜를 맞은 경사스러운 날에 불길하게도 어찌 지아비가 죽은 후의 일을 말하겠습니까? 그래서 세 번째 것은 말하지 않았습니다."

라고 공손하게 말하는 것이었다.

이 말을 들은 남자는 그 말이 너무나 타당하고 사려 깊은 말이라

는 생각에 마음속으로 무릎을 치면서 '뚝배기보다 장맛이라 하더니 정말 겉모습보다는 속이 깊은 여자구나.' 하면서 그냥 불을 끄고 동침을 했다고 한다.

그 후 남자는 여자의 근면 성실함과 지혜로운 내조에 힘입어서 공부에 전념하여 마침내 과거에 급제하고 또 아들딸도 둘씩이나 두는 등 총각시절과는 전혀 다른 유복한 삶을 살게 되었다.

그러던 어느 날 관청에서 퇴근하여 집으로 돌아오는 길에 보니 마을이 온통 술렁이며 야단법석이었다. 그래서 그 이유를 알아본즉, 자기의 집 뒤쪽 텃밭에서 노다지가 쏟아져서 동네 사람들이 모두 하나씩 주워가게 되었기 때문에 동네가 시끌벅적하다는 것이었다.

그래서 이 남자는, '우리 집 텃밭에서 노다지가 쏟아졌으니 우리 집에는 아마도 수십 개의 노다지를 주워두었을 것이라'고 생각하며 기쁜 마음으로 걸음을 재촉하여 집으로 돌아왔다.

그러나 생각과는 달리 집안은 평소와 다름없이 조용하기만 했다. 이상하게 생각한 남자가 참지 못하고 부인을 불러서 노다지가 어디 있느냐고 물었다.

그러자 아내가 없다고 대답했다. 화가 난 남자가 아내를 윽박지르며 '우리 텃밭에서 노다지가 쏟아졌다는데 동네 사람들이 다 주워갈 때까지 왜 하나도 줍지 않았는가?' 하면서 화를 내었다.

그러자 아내가 옷매무새를 단정히 하고 꿇어앉아서 조용하게 말했다.

"지금 우리 집에는 부모 형제가 무고하고 자식들도 건강하며 당신도 매년 승진을 거듭하여 지금 당신의 녹봉만 해도 먹고 사는데 아무런 부족함이 없습니다. 그런데 무엇 때문에 헛된 욕심을 부려서 노다지를 주워오겠습니까? 복에 없거나 넘치는 재산이 들어오면 오히려 집안에 재앙이 생길까 염려가 되어서 일부러 줍지 않았습니다."

하고 미안해했다.

이 말을 들은 남편이 한참 동안 곰곰이 생각해보니 그 말이 정말 슬기롭고도 현명하다는 생각이 들었다. 그래서 그 때까지도 너무 못생긴 외모 때문에 말은 하지 않았지만 그래도 마음속으로는 여전히 불만이 남아 있었는데 그 후로는 속 깊고 지혜로운 아내의 마음에 감동하여 오히려 아내를 존경하고 받들어 모시는 마음으로 살면서 죽는 날까지 화목하고 행복하게 살았다고 한다.

이런 이야기는 고소설 '박씨전이나 황부인전'에도 나타난다. 즉, 박씨부인이나 황씨부인은 전생의 업보로 인해 소가죽을 뒤집어쓰고 이 세상에 태어나서 고통을 당한다. 그러다가 나중에는 껍질을 벗고 미인으로 재탄생하여 남편의 사랑을 받고 행복하게 살았다는 이야기이다. 그러나 사람이 소가죽을 뒤집어쓰고 태어날 수도 또 그것을 벗고 재탄생할 수도 없다는 점에서 보면 이들도 '뚝배기보다 장맛'이란 설화와 서로 다른 표현의 같은 이야기라 할 수도 있을 것이다.

그런데 오늘날 우리의 현실은 어떠한가? 남녀의 만남은 인간성보다는 외모를 중시하고 직장의 취업도 그 사람의 능력보다는 외모를 더 중시한다고 한다. 그 결과 사회적으로는 외모 중시 풍조는 물론 성형 열풍을 불러 일으켰고 여자들은 10명 중 7~8명은 최소한 쌍꺼풀 수술이라도 해야 할 정도로 성형을 너무나 자연스러운 것으로 받아들이는 성형만능의 세상이 되었다.

과연 이런 현상이 바람직한 것일까? 물론,

"보기 좋은 떡이 먹기도 좋다."

는 속담처럼 내면도 아름답고 아울러서 겉모습도 아름다우면 금상첨화錦上添花이자 동가홍상同價紅裳이 될 것이다. 또 겉과 속이 다 예쁘면 스스로 자신감도 생기고 자기만족으로 인한 행복감도 느낄 수 있으니 더욱 좋은 것은 말할 필요도 없다.

그러나 '소문난 잔치에 먹을 것이 없다' 했고 '빛 좋고 개살구'라는 말도 있지 않는가? 그래서 인성을 보지 않고 외모만 보고 만난 남녀는 사랑의 열정이 식고 눈의 콩깍지가 걷히는 시기가 되면 금방 후회하고 자책하며 성격차를 핑계 삼아 서로 헤어지게 된다. 통계청의 자료를 보면 결혼한 10쌍 중 세 쌍 즉, 1/3정도가 이혼을 한다고 한다. 그리고 능력을 보지 않고 외모만으로 뽑힌 사원은 2~3년 안에 대부분 직장에서 쫓겨나거나 스스로 직장을 옮겨야 한다고 한다.

이처럼 외모는 어떤 선택의 상황이나 당장의 이해관계에는 도움을 줄 수는 있다. 그러나 결과적으로는 마침내 인생 전체를 불행하고 힘들게 하는 가장 부정적인 요소가 되기도 한다. 뿐만 아니라 '꽃은 꽃대로 풀은 풀대로 잡초는 잡초대로 다 존재 의미가 있고 존재 이유가 있는 것처럼 세상에는 특별히 필요한 외모도 없고 특별히 필요 없는 외모도 없다.

그런데도 우리는 왜 모두 하나같이 인형 같은 모습만 추구할까? 우리는 왜 영원히 변치 않고 오히려 세월이 갈수록 다듬어지고 아름다워지는, 마음을 가꾸고 풍성하게 하는 데는 관심이 없는 것일까? 이 어찌 하루살이와 같은 삶의 태도가 아니겠는가?

멋진 외모는 '제 눈의 안경'이라 할 수 있다. 그래서 어떤 외모도 절대적으로 완벽한 외모는 없고 영원한 외모도 없다. '세월 앞에서는 장사가 없다.'는 말처럼 나이가 들면 어떤 외모도 흉하게 변하기 마련이다. 그런데도 우리 모두는 연예인이나 인기인의 외모만을 닮으려고 한다. 그 결과 오히려, 개인적으로는 모든 여자들이 개성도 없고 매력도 없고 서로 비슷비슷한 닮은꼴의 외모를 갖게 되었고 사회적으로는 외모만 중시하는 외모 만능이자 성형 광풍이란 부작용을 낳게 되었다.

이처럼 현대인은 너무나 가볍고 얄팍하며 순간적인 겉멋만 중시하는 사고방식 때문에 진정한 행복과 인생의 진정한 묘미를 잃어버리게 된 것 같다. 이러한 현대인에게 위에서 말한 '뚝배기보다 장맛'은 세계 1위의 성형중독 국가라는 불명예를 얻게 된 성형중독의 불행한 사회현상을 치료하는 해독제이자 진지함과 진중함을 잃어버린 사고와 진정한 행복을 잃어버린 삶에 타산지석他山之石의 새로운 치료제가 되지 않을까 한다. (2014년)

못난 아비와 잘난 아들

나는 어느 날 뒷산에 산행을 갔다가 정말 듣지 말아야할 말과 보지 말아야할 광경을 보았다.

'석탑' 약수터에서 근력 운동을 하던 중 떠들썩한 소리와 함께 어린 아들과 젊은 아비가 헐떡이면서 약수터로 올라왔다. 약수터에 도착하자 아비가 작은 바가지에 물을 떠서 아들에게 주었다. 아들은 괜히 심술을 부리며 작은 바가지를 던져버리고 자기 머리보다 훨씬 더 큰 바가지를 들더니 물을 가득 펐다. 그러나 바가지가 무거워서 들다가 물이 쏟아져 한쪽 바짓가랑이와 신발이 물에 젖었다.

깜짝 놀란 아들이 바가지를 내팽개치며 소리를 지르자 아비가 더 놀라서,

"아이쿠, 큰 일 났다. 날씨도 찬데 감기라도 들면 어쩌나!"

하며 안절부절 하자 아들이 말하기를

“아빠 때문에 내 꼬라지가 이게 뭐꼬?”

하면서 약수터에 있는 의자에 앉아 양말을 벗어서 함부로 주위에 던졌다.

아비가 양말을 주우면서 다시,

“이런 날씨에 옷을 버리면 얼마나 춥겠니? 빨리 양말을 벗고 운동화의 물을 빼자.”

하면서 아들을 거들자 아들이 의자에 앉아서 양말을 벗으며 하는 말이,

“아빠 때문에 내 이 꼬라지가 뭐꼬?”

를 몇 번이나 연발했다. 아비는 아무 말도 하지 않고 양말을 벗기고 운동화의 물을 비우자 아들이 못마땅한지,

“아빠 얼굴 가까이 대봐.”

몇 번 말하자 아비가,

“왜 그래?”

하면서 얼굴을 가까이 대자 아들이.

“아빠 때문에 이게 무슨 꼬라지고?”

하면서 다짜고짜로 갑자기 아비의 빰을 철썩 갈기는 것이었다.

얼결에 아들에게 빰을 얻어맞은 아비는 잠시 얼떨떨한 표정을 짓더니 금방 아무렇지도 않은 표정으로,

“아빠한테 혼난다.”

하면서 그냥 양말만 정돈하는 것이었다.

이것을 보고 있던 다른 등산객이 참다못하여,

"야! 아빠한테 그게 무슨 버릇이고?"

하며 나무라자 아비는 아무 말도 하지 않고 입이 한 발이나 나온 아들을 급히 껴안고

"빨리 내려가자. 춥겠다."

하면서 신발 등을 대충 챙겨서 그 자리를 벗어나는 것이었다.

아! 이 얼마나 위대한 부자간의 사랑인가? 이유도 없이 아들에게 뺨을 얻어맞고도 침묵하며 아들만 걱정하는 아버지.

자신의 잘못임에도 아비의 뺨을 때리고 오히려 화를 내는 아들.

정말 멋지지 않은가? 아들을 향한 무조건적인 사랑. 끝없는 사랑. 무조건 용서하는 사랑. 정말 대단하지 않은가?

그러나 옛날부터 자식은 마음으로 사랑하고 겉으로 사랑하지 말라고 했다. 사회의 부조리와 문제점을 재삼 거론할 필요도 없이 이 한 장면이 오늘날 우리 사회가 안고 있는 모든 문제점의 이유와 원인을 보여주는 것이 아니겠는가?

나는 정말 속이 부글부글 끓어서 견딜 수가 없었다. 만약 그 아비가 한 마디라도 변명을 했더라면 괜스레 내가 나서서라도 한바탕 소란을 일으킬 뻔했다. 아무튼 그런 모습을 보는 것이 너무 속이 상해서 이런 세상에 산다는 것이 슬펐다.

우리는 흔히 '요즘 젊은 사람들은 너무 예의가 없다.'고 이구동성으로 말을 한다. 그러면서도 자기의 자식은 그렇게 예의와 버릇이 없게 키운다. 그러면서도 사회가 이렇게 되고 예의와 염치가 무너지게 된 것을 한탄하며 오직 남의 탓으로 여기거나 세상의 탓으로만 여긴다.

이것이 정말 세상 탓이고 남의 탓만일까? 아마 아닐 것이다. 아직 부모가 될 자질이 갖추어지지 않은 상태에서 갑자기 부모가 되었고 사회 분위기가 그냥 자식을 사랑하기만 하면 되는 것처럼 또 그렇게 키우는 것이 자식을 진정으로 사랑하는 것이고 위하는 것처럼 되어 있는 현실이 그런 부모와 자식을 만들었기 때문이 아니겠는가?

부모가 자식 알기를 '대왕이나 신령님 같이 여기고' 자식이 부모 알기를 '종놈같이 여기는 세상'에서 어찌 어른과 아이의 구별이 있겠으며 어찌 인간다운 삶과 질서 있는 사회와 살만큼 행복한 삶의 모습이 있겠는가?

이런 세상은 우선 보기에는 자식을 끝없이 사랑하는 부모의 마음이 엿보이기는 하지만 과연 그것이 진정으로 자식을 위한 행동이고 자식의 장래를 위해서 사랑을 베푸는 것인지 잘 생각해 보아야 할 것이다. 진정한 사랑은 현재보다는 현재를 바탕으로 한 내일과 먼 훗날까지 그 자신에게 도움이 되는 그런 사랑이어야 하지 않겠는가?

이런 사랑과 사랑법은 부자간은 물론 학교나 사회에서도 예외는 아닐 것이라 생각하며 불쾌하고도 떨리는 가슴을 쓸어내린다.

(2014년)

일본 수학여행에 대하여

공자는"몰라서 행하지 못하면 어리석은 자이고 알고도 행하지 않으면 비겁한 자이거나 소인배"라고 했다. 그래서 구한말에 일제가 주권 농단을 시험할 목적으로 단발령을 시행하자 최익현은 吾頭可斷 此髮不可斷이라 하며 맞섰다. 그래도 국권이 침탈되자 교육에 전념하던 황현은 지식인으로서의 바른 도리를 다하기 위해 절명시를 읊고 스스로 목숨을 끊었다. 이처럼 지성인들은 평소에 존경받는 만큼 시대에 대한 책임이 있음을 통감해왔다.

그런데 지금 우리나라는 또다시 일제가 독도를 빌미로 삼아 호시탐탐 우리의 국토를 침탈하고 민족적 자존심을 심각하게 훼손하려 하고 있다. 이러한 상황은 구한말의 시대적 상황과 함축적으로 상당히 유사한 바가 있다. 이런 때를 맞아 우리도 교육자이고 학생과 사회로부터 존경받는 지성인인 만큼 작금과 같은 시대 현실에 눈을 감거나 외면해서는 안 될 것으로 보인다.

그렇다고 지금 당장 총칼을 들고 바다를 건너뛰거나 머리에 붉은 띠를 묶고 길거리로 나가자는 것은 아니다. 다만 정부에서는 외세의 침략적 행위에 당당하게 맞서겠다고 공언하며 여러 가지 조치를 취하고 있다. 이런 현실에서 우리는 우선 정부에 힘을 실어주고 그러한 조치가 이 정권의 선거용이거나 냄비근성에서 나온 일시적인 감정이 아니라 우리 국민 모두의 뜻이라는 것을 강력하게 보여주는데 한 몫을 하자는 것이다.

이런 차원에서 우리 학교에서도 지금까지 추진해온 일본 문화탐방이란 행사를 선언적으로 중단하고 또 지금까지 추진하려고 애를 써 온 일본 수학여행 계획을 잠시라도 중지하고 그 계획을 원점에서 다시 한 번 고려해 보아야 한다는 것이다.

물론 이에 대해서는 전혀 다른 생각을 가질 수도 있다. 즉, 지금까지 잘 지내온 이웃 일본과 이제 와서 전쟁을 할 수는 없는 것이 아닌가? 우리가 조금만 더 양보하면 되지 않겠는가? 하는 위대한 휴머니즘적인 사고와 또 싸움을 해봐야 결국 우리가 패배할 것인데 무엇 때문에 싸운단 말인가? 미리 머리를 숙이고 들어가면 서로 좋지 않겠는가? 하는 패배주의적 생각도 있을 수 있다.

또 지금의 정부나 정권이 밉고 싫은데 이 정권에서 추진하는 것을 무엇 때문에 믿고 협조한다는 말인가? 또 정치와 외교는 정치가들이나 하는 것이고 민간인들은 문화교류를 통해서 선린우호 관계를 유지하도록 노력하면 되는 것이지 무엇 때문에 중뿔나게 정치가들의 술수에 민간인들까지 놀아날 필요가 있겠는가? 또는 학생들의 수학여행은 이름 그대로 선진문물을 배우러 가는 것이고 그 문물을 배워야 우리도 빨리 발전할 것이고 그래야 그를 통해서 외세를 극복할 수도 있지 않겠는가? 라는 생각도 가질 수 있다.

그리고 세계는 바야흐로 국가 간의 경계가 무너져 하나가 되어 가는 추세인데 무엇 때문에 고리타분하게 영토분쟁을 한다는 말인가? 라는 생각도 가질 수 있을 것이다. 또 경제 논리를 앞세워, 수학여행을 일본으로 가는 것은 배를 타고 갈 수 있기 때문에 제주도에 가는 경비보다 더 적은 돈으로 해외여행을 할 수 있고 그것도 선진국인 일본을 여행 할 수 있는데 왜 일본은 안 된다는 것인가라는 생각도 가질 수 있을 것이다.

그러나 일본에게 한걸음 더 양보하고 그래서 전쟁을 피하자는 주장은 언뜻 듣기에는 대단한 휴머니스트 한 것 같다. 그러나 한·일 관계의 특수한 역사적 관계로 본다면 이것은 절대 불가하다고 할 수 있다. 역사적으로 볼 때 일본은 우리나라를 끊임없이 침략하고 침탈하려는 야욕을 버리지 않았고 그 결과 우리가 하나를 양보하면 둘을 요구하다가 결국에는 침략이란 극단적인 상황을 만들어 왔다. 그리고 이런 과정이 200년을 주기로 끊임없이 반복되어 왔다는 점에서 또, 그로 인해 우리나라의 운명이 뒤바뀐 것은 물론이고 수많은 민중의 희생과 피해를 화해와 양보의 대가로 지불해야만 했기 때문이다.

싸워봐야 패배할 것이니 미리 머리 숙이고 들어가는 것이 현명하다는 주장도 언어도단이다. 이런 생각은 근래에 어느 누가 우리나라를 미국의 52번째 주로 편입하는 것이 우리를 더 행복하게 하는 길이라고 주장하며 글로벌화 시대에 열린 사고를 가져야 한다고 했던 생각과 맥락을 같이한다고 하겠다.

"조국의 개·돼지는 될지언정 오랑캐의 신하는 되지 않겠다." 던 박제상이나 삼학사 등에게 부끄러워할 줄 알아야 할 말들이다. 어찌 민족적 자존심과 주체성이 그렇게도 마멸되었단 말인가? 민족의 자존심과 존엄은 그 민족이 지키려 할 때만 지켜지고 존재하는 것이라 할 수 있다. 힘의 논리만 앞세운다면 이 세상에 약소민족과 국가는 모두 없어져야 할 것이다. 이것만 보아도 민족과 국가의 존망은 힘의 우열보다 그 민족이 가진 자존심과 주체성의 문제라고 할 수 있다. 그리고 우리의 반만년 역사는 사방의 오랑캐라 할 수 있는 강대국들의 침략과 침탈 속에 놓여 있었지만 그래도 우리의 독자성과 고유성을 유지할 수 있었던 것은 딱히 힘이 강했기 때문만은 아니었을 것이다.

그러므로 싸워보지도 않고 패배할 것이라는 자굴적 자기비하와 패배주의 의식은 민족허무주의 내지는 민족부정을 조장하여 민족의 존망을 위태롭게 만들 뿐이다. 이에 비해 다부지고 야멸찬 주체성과 민족 존엄성은 어떠한 무력보다 강하다는 확신을 가지고 당당하게 외세와 맞서야 진정으로 국가와 민족을 지킬 수 있고 또 조상과 후손에게 부끄럽지 않은 우리가 될 수 있다는 점도 명심해야 할 것이다.

노무현 정권이 밉고 싫어서 협조할 수 없다는 생각도 너무나 철이 없는 단견이라 할 수 있다. 왜냐하면 이 정권은 영원한 정권도 아니고 또 국민의 심판에 의해 언제든지 교체될 수 있는 정권인데 비해 민족과 국가는 영원한 것이기 때문이고 또 빈대 몇 마리 잡기 위해 초가삼간을 태울 수는 없기 때문이다. 예컨대 아무리 부부 싸움을 격렬하게 한다고 해도 강도가 들어오면 부부가 합심하여 강도를 물리친 후에 2라운드의 싸움을 다시 시작하는 것은 이해가 된다. 그러나 부부가 서로 밉다고 하여 강도에게 문을 열어주고 그로 하여금 남편이나 아내를 제압하여 집안을 쑥대밭으로 만들게 한다면 그것을 어찌 부부라고 하겠는가?

이런 점에서 정권이 미워서 협조할 수 없다는 말은 어리석거나 비겁한 이기주의적 생각의 자기변명이나 미화이거나 아니면 철모르는 소아적 자기중심적 생각에 불과하다고 하겠다.

정치는 정치이고 민간의 문화교류는 문화교류인데 왜 정치논리에 문화교류가 함께 춤을 추어야 하는가라는 주장도 일견 그럴 듯하기도 하다.

그러나 문화란 것은 그 민족이 처해있는 지리적, 환경적, 정치적, 사회적 제반 조건에서 그 민족이 살아남기에 가장 적합한 방향으로 발전하여 형성되는 것이라는 점에서 문화의 우열을 논할 수는 없다는 것이 통설이다. 이런 점에서 보면 정치 없는 국가가 있을 수 없으며 국가와 민족이 없는 문화나 정치는 있을 수 없다. 그러므로 정치와 문화의 분리 주장은 객관적인 입장에서의 정당성보다는 주관적인 이해관계나 개인적인 편견 때문에 단지 억지를 부리는 견강부회에 불과하다고 하겠다.

해외 수학여행의 목적이 선진 문물을 배우는 것이고 또 知彼知己해야 百戰百勝한다는 것을 빌미로 삼아 일본을 가야한다는 것도 따지고 보면 일본에 대한 막연한 동경과 개인적인 작은 이익에 구애된 말로 보인다. 그렇지 않다면 이것은 구한말 개화파들의 개화만능주의적 생각과 별반 다를 바 없다고 하겠다. 현대는 선진 문물을 배우려고 한다면 반드시 일본에 가야할 이유도 없고 또 반드시 그 곳에 가서 배워야 할 이유도 없다. 선진국은 일본 말고도 많이 있으며 또 현대는 세계가 하나의 네트워크로 연결되어 있는 만큼 꼭 무엇을 배워야 한다면 안방에 앉아서도 얼마든지 필요한 정보를 얻을 수 있는 시대이다. 그러므로 배우기 위해서 외국으로 가야 하고 그것도 꼭 일본으로 가야한다는 것은 다른 저의가 깔려 있으면서도 겉으로 내세우는 비겁한 명분에 불과하다고 하겠다.

뿐만 아니라 일본이 선진국이기 때문에 가서 배워야 한다는 논리는 또 다른 측면에서도 문제가 있다. 즉, 학생들은 아직 가치관과 국가관 그리고 세계관이 정립되지 않은 상태다. 이런 상태에서 우리보다 앞선 선진국이라 하고 그것도 일본과 우리를 맞세워 비교・대조의 입장에서 그 나라의 문화를 배운다는 것은, 물론 그들의 선진 문화를 배운다는 측면도 있을 수는 있다. 그러나 그 보다는 먼저 학생들에게 그들의 문화를 동경하고 사모하게 할 것이고 그에 따라 구한말 개화만능주의자들이 자기도 모르게 친일적 성향을 띠게 된 것과 마찬가지로 학생들로 하여금 친일파가 되게 할 수도 있다.

또 문화는 상대적인 것인데 경제적으로 우리보다 우위에 있다고 하여 일본 문화가 막연하게 우리보다 우월하다는 식으로 학생들에게 인식시키고 조장한다는 것은 무식의 소치이거나 주체성이나 자존심이 부족한 의식에서 비롯된 것이라 할 수도 있다. 더 나아가서는 일제강점기에 일제와의 동화를 위해 이광수가 주장한 '민족개조론'적 사고방식과 크게 다를 바 없는 것으로서 결국 민족허무주의를 조장하여 마침내 민족부정에 이르게 한다는 점을 간과해서는 안 될 것이다. 뿐만 아니라 이런 사고방식은 교육적인 측면에서도 가치관 교육에 치명적인 문제를 일으킬 수 있음을 분명히 짚고 넘어가야 할 것이다.

세계화 시대에 무엇 때문에 영토분쟁을 하는가 하면서 우월적 위치에서 다른 사람을 白眼視 하는 태도 역시 세계화의 의미와 그 목적을 제대로 모르는 자기의 무식을 감추고 잘난 체 해보려고 하는 욕망의 산물이라 할 수 있다.

국가와 민족이 없는 세계화라면 세계화를 할 필요와 이유가 어디 있겠는가? 결국 세계화도 제 나라와 제 민족 제 국가를 위해서 필요한 것이고 또 그래서 추진하는 것이라고 할 때 영토분쟁을 세계화를 빌미로 백안시 한다는 것이 타당한 행동이겠는가? 내가 없는 세계가 있을 수 없고 내 나라와 내 민족이 없는 세계화는 무의미함을 우리는 다시 한 번 생각해 봐야 할 것이다.

일본으로 수학여행을 가면 선박을 이용할 수 있어서 다른 나라로 가는 것보다 경비를 절감할 수 있기 때문에 일본으로 가야한다는 것도 수학여행의 기본적 목적에 비추어 보면 타당성이 없는 말이다.

일본만 배로 갈 수 있을까? 다른 나라는 배로 갈 수 없다는 말인가? 경비가 많이 들어서 곤란하다면 딱히 외국으로 수학여행을 가야만 할 이유가 있는가? 학생들이 조국의 강산은 더 이상 볼 것도 없고 배울 것도 없다는 말인가? 경비가 문제라면 지금 당장 가서 배우지 않으면 큰 문제가 생기는 것도 아닌데 학생들이 졸업 후 경제적 상황이 좋아졌을 때 가면 안 된다는 말인가? 특별한 이유도 없이 경제적인 측면 때문에 다른 나라를 제쳐두고 특히 자국 문화에 대한 긍지나 자국의 국토에 대한 사랑과 관심도 아직 부족한 상태에 있는 학생들을 인솔해서 딱히 일본으로 수학여행을 가야만 하는지 교육을 담당하는 교육자의 양심으로서 부끄러움은 없는가?

그리고 배로 가면 부담이 적다고 하지만 그래도 경비가 40만원에 육박하는 것으로 알고 있다. 이정도 돈은 돈이 많은 사람에게는 껌값도 안 되는 돈이지만 아직도 학생들 중에는 생활보호 대상자도 많을 뿐만 아니라 이 돈은 생활보호 대상자 가족의 1개월분 생활비보다도 많고 학생들의 한 학기분 등록금에 해당되는 돈이다. 이것을 어찌 적은 돈이라 하겠는가?

또 형편이 어려운 사람은 여러 사람이 十匙一飯으로 도와서 그냥 데리고 간다고 할 수도 있을 것이다. 그러나 돈이 없는데도 남의 도움을 받아서 여행을 가는 학생들의 자존심을 생각해 보았는가? 없으면 굶어도 자존심을 지키는 것이 더 중요한 젊은 시절에 거지 근성을 키우거나 자존심을 구겨가면서 뱃이 없는 사람처럼 웃으며 여행을 따라 가는 것이 학생의 가슴에 무엇을 남길 것이며 교육적으로는 어떤 효과가 있겠는가? 주인 배부르면 머슴 배고픈 줄 모른다는 속담하고 통하는 행위가 아니고 무엇이겠는가?

방죽은 우연히 그것도 단숨에 무너지는 것이 아니라 개미구멍에서 시작하여 자기도 모르는 사이에 서서히 큰 구멍이 되고 드디어는 감당할 수 없는 지경에 이르게 되는 것과 마찬가지로 한・일 관계도 처음부터 잘 대처하지 못하면 호미로 막을 수 있는 것을 가래로도 막지 못하는 결과를 가져오고 말 것이다.

그러므로 양국 관계가 근래의 그 어느 때보다 심각한 국면으로 치닫고 있는 이때 우리들은 무엇을 가르치고 어떤 행동으로 사표가 될 것인가를 다시 한 번 고민해 보아야 할 것이다. 그리고 그 일환으로 우리 학교에서도 먼저, 지금까지 해오던 일본문화탐방 행사를 선언적으로 중단할 것은 물론이요 지금 추진하고 있는 일본으로의 수학여행 계획은 근본적으로 취소해야 할 것이다. 그래서 우리 국민 모두는 정부 정책에 동조하며 한마음 한뜻으로 일제의 침략적 야욕에 분개하고 그 뜻을 꺾는데 매진하고 있다는 것을 가시적으로 보여주어야 할 것이다. 이러한 조치야말로 이 시대를 살아가는 양식 있는 교육자로서 최소한의 의무와 책임을 다하는 것이 아니겠는가?

이 세상의 모든 빛은 자신을 태우는 것에서 비롯된다. 작금의 현실은 우리로 하여금 자신을 태워 주변의 어둠부터 몰아내는 등불이 될 것을 요구한다고 하겠다. (2006년 겨울)

말년末年

말년末年이나 고참古參이란 말은 근무 기한이 정해져 있는 군軍에서 주로 사용하던 말이었으나 요즘은 일반 기업체나 공무원 등도 근무 연한이 정해지면서 직장 내에서 이런 말이 많이 사용되고 있다. 그리고 대부분의 사람들은 말년과 고참을 같거나 비슷한 뜻의 말로 이해하고 있다.

그러나 말년의 사전적 의미는 1. 일생의 마지막 무렵. 2. 어떤 시기의 마지막 몇 해 동안이라는 뜻이다. 고참古參은 오래전부터 한 직위나 직장 따위에 머물러 있는 사람. '선임자先任者', '선참자先站者' 등의 뜻이다. 그러므로 직장에서 오래 머물러 있는 사람은 고참이자 이들 중에서 정년이 얼마 남지 않은 사람이 말년이 된다는 점에서 크게 틀린 말은 아니다.

그러나 현대 사회는 명퇴나 정리 해고 등 중간에 직장을 떠나야 하는 사람이 많기 때문에 말년 중에는 고참이 아닌 사람도 많다. 뿐만 아니라 고참은 어떤 집단이나 단체에서 남과 비교할 때 상대적으로 근무 연수가 오래 된 사람이기에 대체로 업무에 능숙하고 일을 잘하는 사람, 그래서 그 분야에서 권위가 있고 또 아랫사람들이 두려워하거나 존경하고 복종해야 하는 살아 있는 권력을 지닌 실세의 사람이라는 뜻이 강하다.

이에 비해 말년은 그 집단에서 근무 연수가 오래 되거나 반드시 업무에 능숙하거나 일을 잘하는 사람은 아닐 수도 있다. 그러므로 말년은 같이 근무할 날이 얼마 남지 않았다는 점에서 오히려 아랫사람들이 두려워하거나 존중하지 않아도 되는 사람, 또 얼마 있지 않아서 나와 다시 볼 이유도 필요도 없는 그런 사람이 된다. 그래서 '문전 나그네 흔한 대접'이란 속담처럼 그냥 나갈 때까지 조금 더 참고 배려하면 좋은 사람이란 소리를 들을 수 있는 그런 사람 정도의 성가시기만한 사람일 수도 있다. 대통령조차도 말년이 되면 레임덕을 겪지 않는가?

그런데도 많은 사람들은 군軍에서 초임이 말년을 부러워하듯이 일반직장에서도 말년을 동경하고 부러워한다. 물론 나도 젊은 시절에는 그랬다. 말년이 되면 힘든 일에서 열외를 받고, 엔간한 일은 예외를 두어 그냥 편하게 남은 시간을 적당하게 보내도록 배려하는 것이 너무 부러웠기 때문이다.

그런데 내가 벌써 그렇게 부러워했던 말년이 되었다. 그러나 나는 젊은 시절에 생각했던 것처럼 그렇게 자부심을 느끼지도 못하고 또 기쁘지도 즐겁지도 않다. 지금은 오히려 '잘하지 못할까. 혹시 꾸중이라도 듣지 않을까' 전전긍긍하면서 매사에 열중하는 후배들이 부럽다. 후배들은 언젠가 나와 같은 위치에서 나와 같은 생각을 할 기회가 아직 남아 있지만 나는 더 이상 후배들과 같은 긴장된 삶을 다시 살 기회가 이생에서는 영원히 없기 때문이다.

그리고 요즘은 말년을 대우한다고 모든 일에서 열외를 시키고 힘들고 어려운 일들은 후배들끼리만 하고 있다. 내가 지금까지 말단으로만 살았고 위에서 군림해보지 못해서 그런지 이런 것들이 몸은 편하지만 마음은 그렇게 편하지가 않다. 뿐만 아니라 나의 젊은 시절을 생각해보면 열외를 받는 나의 모습은 말을 하지는 않지만 후배들이 상당히 불만스럽게 여긴다는 것도 안다.

그래서 나도 참여하고 싶다. 그러나 왕고참들이 얼마 후 자신들의 처지를 생각해서 그런지 하지 못하도록 차단하고 말린다. 이런 상황에서 내가 또 억지로 무엇인가를 하겠다는 것도 이상하고 어색해서 모르는 체하고 그냥 아무렇지도 않은 것처럼 행동한다. 그러나 마음은 오히려 가시방석처럼 불편하고 미안하다.

현대는 물질만능과 인간소외가 보편화 된 세상이다. 그러다보니 남과 나 사이가 아니라 가족 간에도 소통과 이해가 부족하고 만남과 어울림이 아주 드문 상태다. 이에 따라 TV 뉴스나 입소문을 통해서 자주 듣는 것들이 '고독사孤獨死'이거나 '죽은 지 한참이 지나서야 시체가 발견되었다'는 소식 등이다.

이런 점에서 보면 말년에 대한 배려도 이제는 좀 변해야 될 것 같다는 생각이 든다. 옛날에는 육체적 노동이 삶의 현장을 지배하거나 육체적 노동이 중심이 되는 직장이나 집단이 많았다. 이런 직장에서 1년도 남지 않은 말년이 되었다면 당연히 육체적, 시간적인 어려움을 덜어주고 편하게 해주는 것이 가장 큰 배려라고 할 수 있다.

그러나 현대는 3차 산업 사회이고 특히 우리의 직장은 육체적으로 크게 힘드는 그런 직장도 아니다. 뿐만 아니라 시간적으로도 말년 정도쯤 되면 더 이상 추구할 무엇도 개인적으로 시간을 내어 특별히 해야 할 일들도 많지 않기 때문에 오히려 시간이 남아돈다. 그러므로 말년을 배려하고 대접하는 것도 옛날과는 달라져야 하는 것이 아닐까 한다.

말년들은 대부분 미래에 대한 막연한 두려움으로 불안에 떨고 있다. 무엇인가 집중하여 할 일도 별로 없다. 그렇다고 누구와 더불어 고민을 털어놓고 상의하거나 무엇이라도 함께할 사람조차도 거의 없다. 그런데 직장에서조차도 자꾸 열외만 시키니 더욱 외롭고 쓸쓸하다.

이런 점에서 보면 말년에게 가장 알맞은 배려는 뻔하다. 말년의 근원적인 문제는 자신 이외에 아무도 해결해 줄 수 없다는 것이다. 그러므로 그런 것은 제외하더라도 말년이 외롭고 쓸쓸해 하는 것은 얼마 안 되는 기간이지만 얼마든지 끝까지 보완해 줄 수 있을 것 같다. 즉, 너무 열외만 시키지 말고 너무 어렵거나 힘든 일이 아니면 평소와 다름없이 함께 하며 함께 어울려 서로 소통하게 하는 것이 오히려 배려하는 것이 아닐까 한다.

말년은 고참과 달리 이름 그대로 마지막 해다. 그래서 말년이 직장에서 하는 모든 일은 평생 다시 할 수 없는 마지막 일이다. 또 마지막 일이기에 모든 일들이 더욱 안타깝고 애달프고 가슴이 짠하다. 그래서 좋은 일이든지 나쁜 일이든지 말년이 되면 다시 올 수 없는, 다시 할 수 없는 일이라는 생각에 무슨 일이든지 더욱 하고 싶고 해야만 되겠다는 생각도 든다.

물론 말년이 되면 기능도 떨어지고 활동성도 떨어져서 젊은 사람들보다 잘하지 못할지도 모른다. 그러나 '생강은 묵을수록 맵다'는 말도 있지 않은가? 부족한 부분은 후배들이 보완해서 함께 한다면 더 좋은 결과를 얻을 수도 있고 또 이것이야말로 진정 말년을 배려하고 대접하는 일도 되지 않겠는가?

멀지 않아서 누구도 피해가지 못할 말년을 앞두고 잔소리만 늘어서 후배들에게 염치가 없다. 그러나 우리 삶은 어디서든지 말년이 있기 마련이고 또 최후의 인생 말년은 어느 누구도 피할 수가 없다. 이러한 말년을 앞두고 마지막 말년은 이전의 말년과는 좀 다른 말년이 되었으면 하는 바램을 가져본다. (2014년)

책상을 정리하며

수능시험이 며칠 남지 않았으니 3학년 수업을 전담하는 나로서도 수업할 날이 며칠 남지 않았고 수능 시험이 끝나면 지동으로 나의 수업도 끝이 난다. 특히 나는 담임도 아니니 이후에는 내가 학교에 있어도 그만, 없어도 그만, 존재 의미가 거의 없는 사람이 된다. 뿐만 아니라 내년 2월이면 정년이 되니 나는 미리미리 내 주변을 정리해야 될 것 같다는 생각이 들었다. 그래서 나는 며칠 전부터 서서히 책상 위의 책들부터 치우기 시작했다. 오늘은 책상 서랍 속에 있는 물건 중 출근하면 반드시 필요했던 필기구 몇 개와 혹시 필요할 지도 모를 도장 등 몇 가지만 남겨두고 모두 정리하기로 했다.

책상 서랍을 열고 자세히 살펴보니 그 속에는 나도 모르는 아니, 벌써 옛날부터 잊고 있었던 물건들이 상당히 많았다. 먼저 몇 년마다 사진사가 가져다 준 나의 증명사진이 눈에 띄었다. 30대, 40대, 50대의 증명사진도 있었다. 내가 봐도 30대의 사진은 오늘의 나보다 훨씬 풋풋하고 활기차 보였다. 나도 모르게 빙긋 웃음이 나왔다. 그러다가 또 한 모서리에는 지금은 이름도 알 수 없는 여러 명 학생들의 증명사진이 보였다. 이들이 왜 여기 있을까 생각하며 뒤쪽을 보니 학번과 이름이 적혀 있었다. 아마 그 당시 담임인 내가 교무수첩을 만들기 위해 학생들로부터 걷은 사진이었는데 학생들이 늦게 제출하여 그냥 서랍 속에 남겨져 있었던 것 같다. 아무튼 그 모습이 새롭고 당시의 모습들이 아련히 눈에 떠올랐다.

그 외에도 책상 서랍 속에는 교재에 희미하게 각주를 달려고 뭉툭하게 깎기만 했던 연필과 그것을 지우던 지우게, 모의고사 때 학생들을 위해 준비했던 수정 테이프, 컴퓨터용 수성사인펜, 검은 볼펜, 과제 점검을 하고 학생들에게 찍어주던 "상賞"자가 새겨진 도장, 책갈피 대신에 책 내용을 구분하던 견출지, 분필 묻은 손을 씻고 바르던 로션, 서랍 구석구석에 박혀 있는 서적 판매원들의 명함, 대학에서 홍보용으로 준 여러 색깔의 볼펜, 출판 원고를 교정하기 위해 특별히 준비했던 붉은 사인펜 등등이 있었다.

이들도 따지고 보면 그 어느 것 하나 사연이 없고 그리움이 없는 것이 없다. 그들마다의 사연과 추억을 더듬으며 분류를 하다 보니 갑자기 밀려오는 안타까움과 그리움이 손목을 붙잡아서 쉽게 버릴 수도 없고 그냥 봉투에 쓸어 담기도 어려웠다. 한참씩 들고 보다가 나도 모르게 울컥하는 심정을 억제할 수 없었지만 남들이 이상하게 여길까 부끄러워서 아무렇지도 않은 체하며 그냥 봉투 속에 주섬주섬 모두 주워 담았다.

그리고 나머지 잡동사니들은 그냥 버릴까 생각하다가 그래도 나의 손때가 묻은 것인데 하는 생각이 들어서 버리더라도 집에 가져가서 생각해보고 버려야겠다고 모든 것을 그냥 봉투에 쓸어 담았다. 그리고 담으면서 생각해 보니 어느 사이엔가 나의 청춘과 나의 삶과 나의 생활을 모두 봉투에 담아서 어디론가 옮기거나 없애버려야 하는 때가 되었구나 하는 생각이 들어서 나도 모르게 눈시울이 붉어지고 콧등이 시큰거렸다.

물론 천하의 대장부로서 역발산기개세力拔山氣蓋世였던 초나라 패왕도 해하성에서 우희와 이별할 때 뜨거운 눈물이 옷깃을 적셨다고 하는데 하물며 나같은 졸장부가 지금까지 삶의 한 과정을 일단락 짓는 마당에 눈물 몇 방울 흘리는 것이 무슨 대수이겠는가? 그래도 주위에 있는 선생님들이 혹시 눈치라도 챌까, 그래서 흉이라도 잡힐까 걱정이 되어서 우선 챙긴 것부터 차에 실으려고 상자를 들고 문밖으로 나섰다.

가볍게 느껴지는 상자를 안고 나의 청춘과 나의 인생과 내 추억의 무게가 너무나 가볍고 사소함에 새삼 서러워하고 새삼 놀라면서 국화꽃이 영정사진처럼 배열된 중앙현관 앞 계단을 지나 주차장으로 향했다. 날씨는 나의 마음을 아는지 모르는지 여전히 화창하고, 하늘은 높고, 학생들은 무엇이 그리도 즐거운지 깔깔대고, 소곤대고, 왁자지껄한 웃음소리가 길 위에 가득했다. 등길에 도착하자 그곳에는 서글픈 내 마음과는 달리, 벚나무의 붉은 단풍과 은행나무의 노란 잎들이 함께 어우러져 가을의 정취를 한껏 뽐내고 있었다. 그들의 아름다움에 새삼 감탄하며 멍하니 서 있으니 지난날 그 밑에서 쏟아지던 명랑한 소녀들의 해맑은 웃음소리가 금방이라도 귓가에 들려오는 듯하고 그들과 함께 했던 수많은 영상들이 주마등처럼 지나갔다.

수란愁亂스러운 마음을 억제할 길 없어 붉은 단장이 익어가는 벚나무와 노란색으로 갈아입은 저고리가 더 잘 어울리는 은행나무가 나를 반기는 등길을 걷고 또 걸어보았다. 걸으면서 또, 퇴직한 후에 이곳이 보고 싶어서 다시 찾아온다면 남들이 '미친놈이라 욕하겠지'하고 생각하니 더욱 안타까운 마음이 들었다. 이마에 솟는 작은 땀방울을 손수건으로 훔치며 은행정 옆에서 붉게 단장을 한 채 혼자 잔디밭을 지키고 있는 단풍나무 아래에 서서 지난 36년간의 인생을 반추하며 헛헛한 마음을 한참 동안이나 달래보았다.

아직도 책상에는 몇 권의 책과 시간표가 남아 있다. 이들을 마지막으로 치우고 접는 시간도 얼마 남지 않았을 것이고 또 시간표를 접는 것과 함께 나의 흔적도 이곳에서 금방 사라지게 될 것이라 생각하니 괜스레 어지럽고 아릿한 마음을 걷잡을 수가 없었다.

왜 이럴까? 남들도 이랬을까? 나만 이런 것일까? 무슨 큰 미련이라도 남아 있다는 말인가? 스스로 반문해본다.

미련을 가질 것은 아무 것도 없다. 다만 이곳이 나의 청춘이었고, 나의 인생이었고, 어쩌면 내 삶의 전부였기에 괜히 허허虛虛롭고, 수수愁愁로운 것이 아닐까 하고 나름 추측해본다.

다른 한편으로는 나의 청춘과 지금까지의 인생이 이것으로 일단락되고, 새로운 인생 제 2막에 대해 아무런 계획도 없는데 무조건

맞이해야 한다는 막연한 두려움과 변화를 싫어하는 나의 성품 때문에 이렇게 마음이 어지러운 것은 아닐까 하고 스스로 점검해 보기도 한다.

그러나 구거신래舊去新來는 자연의 섭리攝理가 아니던가? 조용히 순응順應하자. 두려워하지 말자. 오히려 적극적으로 받아들이자. 그렇다. 이 세상에 어디 영원한 것이 있던가? 오면 가는 것이고, 가면 오는 것이 당연한 이치가 아니던가? 모든 것을 내려놓고 홀가분하게 떠나자. 시간은 절로 오고 절로 가는 것이 아니던가? 대범한 모습으로 너털웃음 한 번 웃어보자. 머릿속으로 수없이 다짐하고 되뇌어 본다.

하지만 생각과 마음이 같지 않으니 이것이 병통이로다. (2014년)

발문跋文

대부분의 수필집은 책의 말미에 서평을 붙이고 있다. 필자도 붙이고 싶다. 그러나 붙이지 않았다. 그 이유는 첫째, 필자는 아직 서평을 붙일 때가 되지 않았다는 것이다. 왜냐하면 여기에 실린 작품은 필자가 쓴 작품들 중 일부만 실었다. 뿐만 아니라 초기의 작품들이기 때문에 이들을 통하여 필자의 수필 전체를 말하는 것은 아직 너무 이르다고 생각했기 때문이다.

둘째, 필자는 첫 작품집부터 문학제도나 출판자본에 포섭된 그런 평가를 받기보다는 작품이 좀 더 많이 쌓였을 때 정확한 방식으로 칭찬하고 비판하는 그런 비평을 받고 싶기 때문이다.

셋째, 필자는 귀가 얇기 때문에 첫 번째 작품집부터 어느 누구의 평가나 비판을 받게 되면 그것이 전가의 보도인 줄 착각하여 스스로 그 프레임에 갇혀서 앞으로 필자 나름의 자유로운 글을 쓰는데 지장을 받기 쉽다는 생각 때문이다.

넷째, 필자의 첫 시집 '어처구니'에서도 밝힌 바 있지만 마찬가지로 필자의 수필 작품도 쉬운 글이기 때문에 전문가의 평설이 아직 필요 없다는 생각 때문이다.

그래서 필자는 작품이 100여 편 이상 발표되고 또 작가 나름대로의 틀이 잡힌 뒤 세 번째 정도의 수필집이 출간 될 때가 되면 그때 진정한 의미의 서평을 붙여 평가를 받아도 늦지 않다고 생각한다. 즉 그때가 되면 평가자도 평가할 거리가 있을 것이고 평가를 받는 필자도 어느 정도 나름대로의 틀이 잡힌 상태이기 때문에 어떤 평가를 받더라도 겸허히 받아들이고 또 그것을 자기 발전의 기회로 삼을 수 있다는 판단이기 때문이다.

이런 점에서 필자는 서평을 생략하고 대신 필자의 글이 갖는 특성을 나름대로 간단하게 분석해서 제시하고자 한다.

수필은 교술 장르의 하위 장르종이다. 교술이란 대상이나 세계를 객관적으로 묘사하거나 설명하는 장르라는 사전적 정의가 있지만 다른 한편으로는 진술하여 가르친다는 교훈적인 측면이 강조되는 장르이기도 하다. 그러므로 교술장르에 속한 수필은 표현의 묘보다는 주제적인 측면이 더 중심이 되는 장르라 할 수도 있다.

그런데 근래에 발표 되고 평가 되는 작품들을 보면 대부분 작품이 담고 있는 내용이나 주제보다는 표현의 묘가 중시 되고 있으며 내용도 삶의 깊은 성찰이나 통찰보다는 신변잡기나 여행의 소회를 다룬 기행문 등에 경도되고 있다는 생각을 지울 수가 없다. 물론 세상은 급속하게 발전하고 변하는데 수필 쓰기라고 옛날의 규범을 무조건 지켜야 하겠는가라고 묻는다면 단박에 그렇지 않다고 필자도 말할 것이다.

그러나 세상이 아무리 변하고 달라졌다고 해도 문학이 인간의 삶을 대상으로 하고 인간 삶의 표현이라는 점에서 보면 세상이 아무리 변한다 해도 인간이 인간이기를 포기하지 않는 한 인간의 본질은 변할 수 없는 것이기에 인간을 대상으로 한 수필도 당연히 그 근본은 변하지 말아야 할 것으로 본다.

다만 예술은 아름다움의 추구가 그 본령이고 문학은 인생의 모방이라 했으니 그 하위 영역인 수필도 당연히 인생을 모방하되 아름답게 모방하면서 그 속에 나름의 의미를 아름답게 담아야 한다는 원칙은 변함이 없을 것이다.

그러나 필자는 수필을 처음 쓸 때부터 수필을 쓴다는 의식을 가지고 글을 쓰지 않았다. 단지 세상에 대해서 무엇인가 할 말이 많았지만 그 말을 할 수가 없었다. 그래도 하지 않으면 가슴이 터질 것 같아서 언젠가 말을 할 수가 있을 때를 대비해서 그냥 글로 써 두었던 것들이다. 그래서 필자의 글들은 대부분 예술의 본령인 아름다움의 추구보다는 필자의 생각이나 판단 그리고 주장 등을 쉽게 이해하고 알아볼 수 있도록 드러낸 글이 많다고 할 수 있다.

그래서 필자의 글은 우선 통일성과 일관성 그리고 인과성 등을 고려했으며 그 다음으로는 필자의 사고와 판단 등이 보편성을 갖는 것인지 등의 유무에 더 많은 신경을 썼다. 그러다보니 필자의 글은 저절로 논설이나 논술의 성격은 강하지만 예술성은 부족한 면이 있을 것이라 판단된다.

그래도 필자는 나름대로 필자의 글을 읽는 사람들이 너무 딱딱하게 느끼지 않도록 하기 위해 형식의 일정부분을 일부러 파괴하기도 하고 판단이나 주장을 증명하거나 강조하지도 않았고 두루뭉술하게 동의를 구하는 형식을 취하기도 했다.

그러나 처음의 의도 자체가 문학작품을 창작하겠는 것이 아니었기에 본의 아니게 본격적인 수필들이 추구해야 하는 유머나 위트가 부족하고 서정적 표현이나 감성 자극적 표현 등이 부족할 수도 있을 것이라 생각된다.

다른 한편으로는 필자의 작품이 이러한 특징을 지녔다는 것은 오히려 다른 작가들의 작품들과는 달리 필자의 개성 등이 더욱 두드러진 작품이 될 수도 있겠다는 생각이 든다. 그리고 수필은 서정적이고 감성 자극적 표현을 통하여 아름다움을 추구하는 것이 필요한 측면도 있지만 그렇다고 그러한 작품만이 반드시 좋은 수필이라 할 수는 없다는 점에서 필자의 글은 필자만의 개성과 나름대로의 의미와 가치가 있을 것이라 생각된다.

그래도 '같은 값이면 다홍치마'라는 말도 있으니 필자도 이미 등단한 수필가란 명칭을 얻었으니 앞으로는 다른 작가들처럼 미적 감수성을 자극할 수 있는 그런 감성적 표현 등에 유의하여 독자들에게 더욱 쉽고 더 가깝게 다가갈 수 있는 그런 수필을 쓰도록 노력하겠다.

2020년 5월

개성과 편견 사이

초판1쇄 발행 2020년 5월 20일

지 은 이 김수봉
펴 낸 이 이길안
펴 낸 곳 세종출판사

주소 부산광역시 중구 흑교로 71번길 12 (보수동2가)
전화 051－463－5898, 253－2213~5
팩스 051－248－4880
전자우편 sjpl@chol.com
출판등록 제02-01-96

ISBN 979-11-5979-356-1 03810

정가 10,000원

이 도서의 국립중앙도서관 출판예정도서목록(CIP)은 서지정보유통지원시스템 홈페이지(http://seoji.nl.go.kr)와 국가자료공동목록시스템(http://www.nl.go.kr/kolisnet)에서 이용하실 수 있습니다. (CIP제어번호: CIP2020020054)

본 도서는 2020년 부산광역시, 부산문화재단 지역문화예술 특성화지원사업으로 지원을 받았습니다.